20 démonstrations pour l'agrégation interne de mathématiques

Christine Obert

Professeure au lycée Couteaux de Saint-Amand-Les-Eaux

Avant-propos

Cet ouvrage vous présente 20 démonstrations de théorèmes fondamentaux.

Quand j'ai préparé le concours de l'agrégation interne de mathématiques en 2019, une des difficultés de l'épreuve orale était la recherche du développement dans la leçon présentée.

Le premier objectif de ce livre est de regrouper quelques résultats essentiels et de les détailler au mieux afin de faciliter leur mémorisation.

En effet, le déroulement de l'épreuve est le suivant :

1) présentation au tableau d'une leçon avec l'aide de vos fiches (environ quinze minutes) ;

2) développement d'une démonstration ou d'une application (environ quinze minutes) sans l'aide de vos fiches ;

3) questions du jury (pour la durée complémentaire de l'épreuve).

Il vous faut donc :

- rédiger 'proprement' (utiliser les quantificateurs correctement, citer les propriétés utilisées) ;

- faire plusieurs parties ou sous-parties. Vous pouvez ne pas en développer certaines si elles sont triviales et vous font perdre du temps (une récurrence facile pourra être admise) ;

- connaître les applications (voir les annexes).

J'ai choisi stratégiquement ces 20 démonstrations qui peuvent être placées dans différentes leçons. Préparer 160 leçons exige des regroupements si l'on veut être efficace. Je vous conseille de travailler ces développements avant de les découvrir le jour J. Le stress de l'épreuve et le temps limité peuvent vous amener à buter sur certains points. N'hésitez pas à les apprendre et à vous les réciter.

Je remercie Vincent Thilliez qui a accepté de relire mon travail et de corriger mes erreurs. Il m'a suggéré d'autres démonstrations plus simples et des exemples d'applications. Un grand merci aussi, à mes deux collègues Jean-régis Boidin et Nicolas Mortka qui m'ont soutenue dans cette démarche.

Enfin , j'ai une pensée pour toute l'équipe pédagogique de Lille 1 (Burnol JF, Thilliez V, Serman O, Blanc-Centi L, Marsalle L) qui m'a donné l'envie d'écrire ce livre.

Table des matières

Première partie : analyse

Deuxième partie : probabilités

Troisième partie : algèbre

Première partie : analyse
Sous-groupes de $(\mathbb{R}, +)$

Théorème

Les sous-groupes de $(\mathbb{R}, +)$ sont : soit de la forme $m\mathbb{Z}$ où $m \in \mathbb{R}$, soit denses dans $\mathbb{R}$.

Notation : soit G un sous-groupe de $(\mathbb{R}, +)$.

Démonstration

- Si G $= \{0\}$: c'est trivial G $= 0.\mathbb{Z}$.
- Supposons G $\neq \{0\}$.

1   Montrons que G contient au moins un élément strictement positif.

Soit x $\in$ G $\neq \{0\}$.
- Si x $\in \mathbb{R}_-^*$ alors $(-x) \in$ G et $(-x) \in \mathbb{R}_+^* \Rightarrow$ G$\cap\mathbb{R}_+^*$ est une partie non vide et minorée par 0.
- Si x $\in \mathbb{R}_+^*$ et x $\in$ G $\Rightarrow$ G$\cap\mathbb{R}_+^*$ est une partie non vide et minorée par 0.

Conclusion : $G \cap \mathbb{R}_+^*$ est une partie non vide et minorée par 0 donc admet une borne inférieure [1] notée m avec $m \geq 0$.

2   Montrons que si $m > 0$ alors : $m \in$**G** et **G** $= m.\mathbb{Z}$.

2.1 $m \in$ **G** ?

Comme m est la borne inférieure de $G\cap\mathbb{R}_+^*$, il existe une suite $(g_n)_{n\in\mathbb{N}}$ d'éléments de G convergente vers m [2]. Cette suite est une suite de Cauchy [3] donc :
$\forall \varepsilon > 0\ \exists N \in \mathbb{N}, \forall p \geq N, \forall q \geq N : \mid g_p - g_q \mid\ < \varepsilon$.
Choisissons $\varepsilon = m$
$\exists N \in \mathbb{N}, \forall p \geq N, \forall q \geq N : \mid g_p - g_q \mid\ < m\ \ (*)$.
Remarquons que : $\forall g \in G$, $0 \leq g < m \Rightarrow g = 0$
donc : $\forall (g_1, g_2) \in G^2 : \mid g_1 - g_2 \mid\ < m \Rightarrow g_1 = g_2\ (**)$.
L'inégalité $(*)$ devient :
$\exists N \in \mathbb{N}, \forall p \geq N, \forall q \geq N : g_p = g_q$.
La suite (g_n) est stationnaire à partir d'un certain rang N et converge vers m
donc : $\exists N \in \mathbb{N}, g_N = m \Rightarrow m \in G$.

4

2.2 $G = m.\mathbb{Z}$?

- $m.\mathbb{Z} \subset G$?

$m \in G$ et $m.\mathbb{Z}$ est le sous-groupe additif de $(\mathbb{R},+)$ engendré par m donc $m.\mathbb{Z} \subset G$.

- $G \subset m.\mathbb{Z}$?

Supposons $g \in G$. Soit n $= E(\frac{g}{m})$ avec $m \neq 0$.

Par définition de la partie entière :

$n \leqslant \frac{g}{m} < n+1$

d'où : $n.m \leqslant g < n.m + m$ et $\leq g - n.m < m$.

Or $g \in G$ et $n.m \in G$ donc d'après (**), on a : $g = n.m$

donc $g \in m.\mathbb{Z}$ et $G \subset m.\mathbb{Z}$.

3   Si $m{=}0$, montrons que G est dense dans $\mathbb{R}$.

$G \cap \mathbb{R}_+^*$ est une partie non vide et $m = 0$ est sa borne inférieure. D'aprés [4] :

$\forall \varepsilon > 0, \exists\, g_\varepsilon \in G\ /\ 0 < g_\varepsilon < \varepsilon$

$\forall x \in \mathbb{R}$ on a : $E(\frac{x}{g_\varepsilon}) \leq \frac{x}{g_\varepsilon} < E(\frac{x}{g_\varepsilon}) + 1$

d'où : $g_\varepsilon.E(\frac{x}{g_\varepsilon}) \leq x < g_\varepsilon.E(\frac{x}{g_\varepsilon}) + g_\varepsilon$

$\forall x \in \mathbb{R}$, $\forall \varepsilon > 0, \exists\, g_\varepsilon \in G\ /\ 0 \leq x - g_\varepsilon.E(\frac{x}{g_\varepsilon}) < g_\varepsilon < \varepsilon$.

Posons $y = g_\varepsilon.E(\frac{x}{g_\varepsilon})$.

On a : $y \in G$ car $g_\varepsilon \in G$ et $E(\frac{x}{g_\varepsilon}) \in \mathbb{Z}$.

D'où : $\forall x \in \mathbb{R}\ \forall \varepsilon > 0\ \exists y \in G\ /\ \mid x - y \mid\, < \varepsilon$

$\forall x \in \mathbb{R}$, $\forall \varepsilon > 0$ on a : $B(\,x, \varepsilon) \bigcap G$ est non vide.

Conclusion : G est dense dans $\mathbb{R}$[5].

Annexe

• Théorème

(1) Toute partie A de $\mathbb{R}$ non vide et minorée, admet un plus grand minorant appelé borne inférieure de A et noté inf A.

• Propositions

(2) Soit A, une partie de $\mathbb{R}$ non vide et minorée et m un minorant de A.
m est la borne inférieure de A $\Leftrightarrow$ il existe une suite décroissante d'éléments de A convergente vers m.

(3) Toute suite convergente est de Cauchy.

(4) Une partie A de $\mathbb{R}$ non vide et minorée est caractérisée par :
$\forall a \in A, a \geq \inf A$ et $\forall \varepsilon > 0, \exists a \in A \ / \ a < \inf A + \varepsilon$.

• Définition

(5) Soit E un espace vectoriel normé et D une partie de E. On dit que D est dense dans E si pour tout x de E, pour tout $\varepsilon > 0$, il existe $y \in D$ tel que $\| y - x \| \leq \varepsilon$ (ou encore : $\forall x \in E, \forall \varepsilon > 0, B(x,\varepsilon) \bigcap D$ est non vide).

• Applications :

1) $G = \{n + 2k.\pi \ , \ n \in \mathbb{Z}, \ k \in \mathbb{Z}\}$ est dense dans $\mathbb{R}$. En effet :
G est un sous-groupe de ($\mathbb{R}$, +) et G n'est pas de la forme m.$\mathbb{Z}$ avec m $\in \mathbb{R}$ (sinon il existerait un entier p tel que : $\pi = $ p.m et un entier p' tel que : $1 = $ p'.m donc on aurait : $\frac{\pi}{1} = \frac{p}{p'} \in \mathbb{Q}$ ce qui est contradictoire car π est un irrationnel).

$H = \{cosn, n \in \mathbb{Z}\}$ est dense dans [-1;1]. En effet :
Comme G est dense dans $\mathbb{R}$: $\forall x \in \mathbb{R}$, $\exists (x_n)_{n \in \mathbb{N}}$ d'éléments de G convergente vers x. Or cos est une fonction continue sur $\mathbb{R}$.
Si on pose : $y = \cos x$ et $y_n = \cos x_n$ on a :
$\forall y \in [-1;1]$, $\exists (y_n)_{n \in \mathbb{N}}$ d'éléments de H convergente vers y : H est dense dans [-1;1].

2) Soient A et B deux parties de $\mathbb{R}^d$. On note $A + B = \{a + b : a \in A, b \in B\}$.
Ce qui précède montre que même si A et B sont fermés, $A+B$ peut **ne pas être fermé**.
En effet, si $A = \mathbb{Z}$ et $B = \omega \mathbb{Z}$ avec $\omega \in \mathbb{R} \setminus \mathbb{Q}$, A et B sont fermés dans $\mathbb{R}$ mais $A + B$ est un sous-groupe dense puisque $\omega \in \mathbb{R} \setminus \mathbb{Q}$.

Si l'un des deux sous-ensembles A et B est compact et l'autre fermé alors $A + B$

est fermé dans ce cas.

Preuve :

Soit $(c_n)_{n \in \mathbb{N}}$ une suite d'éléments de $A + B$ qui converge vers un point c dans $\mathbb{R}^d$. On peut écrire : $c_n = a_n + b_n$ avec $a_n \in A$ et $b_n \in B$.

Supposons par exemple, A fermé et B compact. Alors (b_n) a une sous-suite $(b_{n_k})_{k \geq 0}$ convergente de limite $b \in B$.

En écrivant : $a_{n_k} = c_{n_k} - b_{n_k}$, on constate que (a_{n_k}) converge vers $c - b = a$ et puisque A est fermé, on a : $a \in A$.

Ainsi : $c = a + b \in A + B$.

Caractérisation des compacts de $\mathbb{R}^n$

Théorème

Une partie de $\mathbb{R}^n$ (muni de la norme $\| \, . \, \|_\infty$) est compacte si et seulement si elle est fermée et bornée.

Notation : soit A une partie non vide de $\mathbb{R}^n$.

Démonstration

1 Montrons que $[a,b]$ est un compact de $\mathbb{R}$.

Soit un segment $[a,b]$ de $\mathbb{R}$ et une suite $(U_n)_{n\in\mathbb{N}}$ de $[a,b]$.

$\{n \in \mathbb{N}/U_n \in [a,b]\} = \{n \in \mathbb{N}/U_n \in [a, \dfrac{a+b}{2}]\} \cup \{n \in \mathbb{N}/U_n \in [\dfrac{a+b}{2}, b]\}$.

L'ensemble $\{n \in \mathbb{N}/U_n \in [a,b]\}$ est infini donc au moins un des deux ensembles $\{n \in \mathbb{N}/U_n \in [a, \dfrac{a+b}{2}]\}$ ou $\{n \in \mathbb{N}/U_n \in [\dfrac{a+b}{2}, b]\}$ est infini.

Considérons la suite de segments $I_p = ([a_p, b_p])_{p\in\mathbb{N}}$ définie par :

$I_0 = [a_0, b_0] = [a,b]$

$I_{p+1} = [a_{p+1}, b_{p+1}] = [a_p, \dfrac{a_p + b_p}{2}]$ si $\{n \in \mathbb{N}/U_n \in [a_p, \dfrac{a_p + b_p}{2}]\}$ est infini

$I_{p+1} = [a_{p+1}, b_{p+1}] = [\dfrac{a_p + b_p}{2}, b_p]$ sinon.

On a donc : $a_0 \leq a_1 \leq a_2...$ et $b_0 \geq b_1 \geq b_2...$ suites monotones bornées donc convergentes, de limite commune l car $\lim\limits_{p \longrightarrow +\infty} (b_p - a_p) = \lim\limits_{p \longrightarrow +\infty} \dfrac{(b-a)}{2^p} = 0$

donc $\bigcap\limits_{p\in\mathbb{N}} I_p = \{l\}$.

L'ensemble $\{n \in \mathbb{N}/U_n \in I_p\}$ étant infini, on peut construire $(U_{\varphi(n)})_{n\in\mathbb{N}}$ une suite extraite [4] de $(U_n)_{n\in\mathbb{N}}$ définie par :

$\varphi(0) = 0$ et $\forall n \in \mathbb{N}, \varphi(n+1) = min\{k > \varphi(n)/U_k \in I_n\}$.

Or $\forall n \in \mathbb{N} \, , \, |\, U_{\varphi(n)} - l \,| \leq \dfrac{(b-a)}{2^n}$.

On en déduit que la suite extraite $(U_{\varphi(n)})_{n\in\mathbb{N}}$ est convergente vers l. D'après le théorème de Bolzano-Weierstrass[1] , $[a,b]$ est un compact de $\mathbb{R}$.

2 Montrons qu'un produit fini de compact de $\mathbb{R}^n$ est un compact de $\mathbb{R}^n$.

Soient A_1 et A_2 deux parties compactes de $\mathbb{R}^n$ et $(X_p)_{p\in\mathbb{N}} = (x_p, y_p)_{p\in\mathbb{N}}$ une suite de $A_1 \times A_2$.

A_1 étant compacte, d'après le théorème de Bolzano-Weierstrass [1], il existe une sous-suite $(x_{\varphi_1(p)})$ de $(x_p)_{p\in\mathbb{N}}$ convergente dans A_1 vers x.

La suite $(y_{\varphi_1(p)})_{p\in\mathbb{N}}$ est une suite de A_2 compacte donc d'après le théorème de Bolzano-Weierstrass[1], il existe une sous-suite $(y_{\varphi_1(\varphi_2(p))})_{p\in\mathbb{N}}$ de la suite $(y_{\varphi_1(p)})_{p\in\mathbb{N}}$ convergente dans A_2 vers y.

La sous-suite $(x_{\varphi_1(\varphi_2(p))})_{p\in\mathbb{N}}$ converge vers la même limite que la suite $(x_{\varphi_1(p)})_{p\in\mathbb{N}}$ (voir proposition(2)). On peut conclure que :

la sous-suite $(X_{\varphi_1\circ\varphi_2(p)})_{p\in\mathbb{N}}$ de la suite $(X_p)_{p\in\mathbb{N}}$ est convergente dans A_1 x A_2 vers (x,y).

D'après le théorème de Bolzano-Weierstrass [1], A_1 x A_2 est un compact de $\mathbb{R}^n$.

Par récurrence, si pour tout m de $\mathbb{N}$, $A_1, A_2, ..., A_m$ sont des parties compactes de $\mathbb{R}^n$ alors A_1 x A_2 x$...A_m$ est une partie compacte de $\mathbb{R}^n$.

3   Montrons la caractérisation.

- A est compacte $\Rightarrow$ A est bornée ?

A est une partie compacte de $\mathbb{R}^n$. Supposons que A est non bornée alors :
$\forall M \geq 0$, $\exists\, x_M \in A : \|x_M\|_\infty \geq M$.

En prenant $M = n \in \mathbb{N}$, on obtient une suite $(x_n)_{n\geq 0}$ de points de A telle que $\| x_n \|_\infty \geq n$.

Puisque A est compacte, on peut extraire de $(x_n)_{n\geq 0}$ une sous-suite $(x_{\varphi(n)})_{n\in\mathbb{N}}$ qui converge dans A. Une suite convergente est bornée. C'est impossible ici puisque $\| x_{\varphi(n)} \|_\infty \geq \varphi(n)$ et $\lim\limits_{n\longrightarrow+\infty} \varphi(n) = +\infty$.

A est nécessairement bornée.

- A est compacte $\Rightarrow$ A est fermée ?

Supposons A partie compacte de $\mathbb{R}^n$.

Soit $(a_n)_{n\in\mathbb{N}}$ une suite de A convergente vers $l \in \mathbb{R}^n$. Comme A est compact, d'après le théorème de Bolzano-Weierstrass [1], il existe une suite extraite $(a_{\varphi(n)})$ convergente dans A et la limite de cette sous suite convergente est égale aussi à l (proposition (2)). D'où $l \in A$ donc A est fermée.

- A est fermée et bornée $\Rightarrow$ A est compacte ?

Soit $x \in A \subset \mathbb{R}^n$ et $(e_1, e_2, .., e_n)$ la base canonique de $\mathbb{R}^n$.

Dans cette base, x s'écrit : $x = \sum\limits_{i=1}^{n} x_i e_i$ où $x_i \in \mathbb{R}$ pour tout $i \in [\![1;n]\!]$.

A étant une partie bornée de $(\mathbb{R}^n, \| \ \|_\infty)$, il existe un réel $k \geq 0$ tel que :
$\forall x \in A$, $\|x\|_\infty \leq k$.

Comme $\|x\|_\infty = \max\limits_{i\in[\![1;n]\!]} | x_i |$

la condition $\|x\|_\infty \leq k$ équivaut à : $\forall i \in [\![1;n]\!] \mid x_i \mid \leq k$ ou encore : $x \in [-k, k]^n$ donc $A \subset [-k, k]^n$ qui est un produit de compact de $\mathbb{R}$ donc un compact de $\mathbb{R}^n$ et A est une partie fermée dans un compact de $\mathbb{R}^n$. D'après la proposition (3) A est donc une partie compacte de $\mathbb{R}^n$.

Conclusion :

A est une partie fermée bornée de $\mathbb{R}^n$ $\Longleftrightarrow$ A est une partie compacte de $\mathbb{R}^n$.

Annexe

• **Théorème de Bolzano-Weierstrass**

(1) Une partie A non vide de $\mathbb{R}^n$ est compacte si et seulement si toute suite de A admet une sous-suite convergente dans A.

• **Propositions**

(2) Toute suite extraite d'une suite convergente est convergente vers la même limite.

(3) Une partie fermée dans un compact est compact.

• **Définition**

(4) Une suite extraite (ou sous-suite) d'une suite $(a_n)_{n\in\mathbb{N}}$ est une suite de la forme $(b_n)_{n\in\mathbb{N}}$ où $b_n = a_{\varphi(n)}$ avec $\varphi : \mathbb{N} \to \mathbb{N}$ strictement croissante.

• **Application :**

Les boules fermées $B(a,r) = \{y \in \mathbb{R}^n \ / \ \| a - y \|_\infty \leqslant r\}$ ou les sphères
$S(a,r) = \{y \in \mathbb{R}^n \ / \ \| a - y \|_\infty = r\}$ sont des parties compactes de $(\mathbb{R}^n, \|.\|_\infty)$.

Théorème de Riesz

Théorème

Pour $(E, \| \ \|)$ un $\mathbb{R}$-espace vectoriel normé, on a :
La boule fermée unité est un compact$\Longleftrightarrow (E, \| \ \|)$ est de dimension finie.

Notation : soit B_f la boule fermée unité.

Démonstration

1 Montrons que si E est de dimension finie alors B_f est un compact.

Supposons que E est de dimension finie. La boule B_f est un fermé borné dans un espace de dimension finie donc B_f est un compact [3].

2 Montrons que si B_f est un compact alors E est de dimension finie.

Supposons que B_f est un compact.

2.1 Montrons qu'il existe $x_1, x_2, ..., x_N$ dans B_f tels que : $B_f \subset \bigcup_{i=1}^{N} B(x_i, \frac{1}{2})$.

Pour tout x de B_f, considérons les boules ouvertes $B(x, \frac{1}{2})$. On a :
$B_f \subset \bigcup_{x \in B_f} B(x, \frac{1}{2})$.
Or par la propriété de recouvrement de Borel-Lebesgue dans un compact [4], il existe une suite de points $(x_i)_{1 \leq i \leq N}$ dans B_f telle que $B_f \subset \bigcup_{i=1}^{N} B(x_i, \frac{1}{2})$.
On introduit : $F = Vect_{1 \leq i \leq N}(x_i)$.

2.2 Soit $x \in B_f$. Montrons que pour tout $n \geq 1$, on peut écrire : $x = y_n + z_n$ avec $y_n \in F$ et $\| z_n \| \leq \frac{1}{2^n}$.

Preuve par récurrence :
• pour $n = 1$, il existe d'après le 2.1 un indice i tel que $x \in B(x_i, \frac{1}{2})$ ce qui s'écrit : $x = x_i + z$ avec $\| z \| < \frac{1}{2}$.
On pose donc : $y_1 = x_i$ et $z_1 = z$. On a bien : $y_1 \in F$, $\| z_1 \| \leq \frac{1}{2}$ et $x = y_1 + z_1$.
• Supposons la propriété établie au rang $n \in \mathbb{N}^*$ et regardons z_n. On a :

$\parallel 2^n z_n \parallel \leq 1$ par hypothèse de récurrence donc $2^n z_n \in B_f$.

Comme dans le cas $n = 1$, il existe un indice i_n tel que $2^n z_n \in B(i_n, \frac{1}{2})$ c'est-à-dire $2^n z_n = x_{i_n} + z'_n$ avec $\parallel z'_n \parallel < \frac{1}{2}$.

On a alors :

$x = y_n + \frac{1}{2^n} x_{i_n} + \frac{1}{2^n} z'_n$ avec $y_n + \frac{1}{2^n} x_{i_n} \in F$ (car $y_n \in F$ et $x_{i_n} \in F$) et

$\parallel \frac{1}{2^n} z'_n \parallel \leq \frac{1}{2^n} \cdot \frac{1}{2} = \frac{1}{2^{n+1}}$.

On peut poser : $y_{n+1} = y_n + \frac{1}{2^n} x_{i_n}$ et $z_{n+1} = \frac{1}{2^n} z'_n$ pour avoir la propriété vraie au rang $n + 1$.

2.3   Montrons E=F.

L'inclusion $F \subset E$ est triviale. Montrons que $E \subset F$.

Soit v $\in$ E.
- Si $v = 0$, clairement $v \in F$.
- Si $v \neq 0$, on applique le 2.2 avec $x = \dfrac{v}{\parallel v \parallel}$.

Comme $\parallel z_n \parallel \leq \frac{1}{2^n}$, on a $\displaystyle\lim_{n \longrightarrow +\infty} y_n = \lim_{n \longrightarrow +\infty} x - z_n = x$.

Ainsi x est limite d'une suite d'éléments de F qui est fermé[5] (en tant que sous-espace vectoriel de dimension finie) donc :

Par la propriété (6), $x \in F$ et $v = \parallel v \parallel x \in F$.

D'où : $E \subset F$.

Conclusion : $E = F$ et F étant de dimension finie, E est aussi de dimension finie.

Annexe

- **Théorème**

(1) Théorème de Bolzano-Weierstras:

De toute suite bornée de réels, on peut extraire une sous-suite convergente.

- **Définition**

(2) Une suite extraite (ou sous-suite) d'une suite $(a_n)_{n \in \mathbb{N}}$ est une suite de la forme $(b_n)_{n \in \mathbb{N}}$ où $b_n = a_{\varphi(n)}$ avec $\varphi : \mathbb{N} \to \mathbb{N}$ strictement croissante (pour tout $n \in \mathbb{N} : n \leq \varphi(n)$ d'où $\displaystyle\lim_{n \longrightarrow +\infty} \varphi(n) = +\infty$).

• Propositions

(3) Un fermé borné dans un espace de dimension finie est un compact.

(4) Borel-Lebesgue: De tout recouvrement d'un compact par des ouverts de $\mathbb{R}^n$, on peut extraire un sous recouvrement fini.

(5) Tout sous-espace vectoriel de dimension finie d'un espace vectoriel normé est fermé.

(6) Si F est fermé, toute suite de F convergente, converge dans F.

(7) L'application norme $\| \ \|$ est continue.

(8) Si F est un fermé de E alors : $\forall x \in E$, $d(x, F) = 0 \Leftrightarrow x \in F$.

• Application :

L'espace $\left((\mathscr{C}[0;2\pi], \mathbb{C}), \| \ \|_\infty \right)$ est de dimension infinie (il contient la famille libre $(f_n)_{n \geq 0}$ définie par : $f_n(x) = e^{inx}$ pour tout x de $[0;2\pi]$) donc par le théorème de Riesz, sa boule unité fermée n'est pas compacte.

On peut le vérifier directement en remarquant que :
pour $p \neq q$, on a $\|f_p - f_q\|_\infty = 2$ c'est-à-dire $(f_n)_{n \geq 0}$ n'admet aucune sous-suite convergente.

Inégalité des accroissements finis

Théorème

Soit f une fonction définie sur $[a,b]$ à valeurs dans un espace vectoriel normé $\mathbb{E}$ et g une fonction définie sur $[a,b]$ à valeurs dans $\mathbb{R}$.
f et g sont continues sur $[a,b]$ et dérivables sur $]a,b[$.

Si pour tout x de $]a,b[$, on a $\| f'(x) \| \leqslant g'(x)$
alors $\| f(b) - f(a) \| \leqslant g(b) - g(a)$.

Démonstration

Soit ε un réel strictement positif.

On définit une fonction h_ε continue sur $[a,b]$ en posant :

$$h_\varepsilon(x) = \| f(x) - f(a) \| - (g(x) - g(a)) - \varepsilon(x - a) - \varepsilon.$$
Soit $A_\varepsilon = \{x \in [a, b] \, / h_\varepsilon(x) \leqslant 0\}$.

1   Montrons que : a $\leqslant$ supA_ε $\leqslant$ b.

- A_ε est non vide : $h_\varepsilon(a) = -\varepsilon < 0$.
- Pour toute partie A non vide de $[a,b]$, on a : $a \leq \sup A \leq b$. Or A_ε est non vide donc : $a \leqslant \sup A_\varepsilon \leqslant b$.

2   Montrons que : supA_ε $>$ a .

h_ε étant continue en a, on a : $\displaystyle\lim_{x \to a} h_\varepsilon(x) = h_\varepsilon(a) = -\varepsilon$

$$\exists \alpha > 0, a \leqslant x \leqslant a + \alpha \Rightarrow | h_\varepsilon(x) + \varepsilon | \leq \frac{\varepsilon}{2} \Rightarrow h_\varepsilon(x) \leq -\frac{\varepsilon}{2} < 0$$

donc sup$A_\varepsilon \geqslant a + \alpha$.

Conclusion : $\sup A_\varepsilon > a$.

3   Montrons que : $\sup A_\varepsilon = b$.

Supposons $\sup A_\varepsilon < b$. On a alors : $a < \sup A_\varepsilon < b$.

Posons $c_\varepsilon = \sup A_\varepsilon$.
Comme f est dérivable sur $]a,b[$, f est aussi dérivable en c_ε et l'application norme étant continue, on a :

$$\lim_{x \to c_\varepsilon} \left\| \frac{f(x) - f(c_\varepsilon)}{x - c_\varepsilon} \right\| = \| f'(c_\varepsilon) \|.$$

$$\exists \theta' > 0 \, , \, c_\varepsilon < x < c_\varepsilon + \theta' \Rightarrow \left\| \frac{f(x) - f(c_\varepsilon)}{x - c_\varepsilon} \right\| \leqslant \| f'(c_\varepsilon) \| + \frac{\varepsilon}{2}$$

De même, g étant dérivable sur $]a,b[$, g est aussi dérivable en c_ε et :

$$\lim_{x \to c_\varepsilon} \frac{g(x) - g(c_\varepsilon)}{x - c_\varepsilon} = g'(c_\varepsilon) \, .$$

$$\exists \theta'' > 0 \, , \, c_\varepsilon < x < c_\varepsilon + \theta'' \Rightarrow \frac{g(x) - g(c_\varepsilon)}{x - c_\varepsilon} \geqslant g'(c_\varepsilon) - \frac{\varepsilon}{2}$$

Posons $\theta = \inf(\theta', \theta'') > 0$. On a donc :

pour tout x de $]c_\varepsilon, c_\varepsilon + \theta[$:

$$\frac{\|f(x) - f(c_\varepsilon)\|}{x - c_\varepsilon} \leqslant \| f'(c_\varepsilon) \| + \frac{\varepsilon}{2} \text{ et } \frac{g(x) - g(c_\varepsilon)}{x - c_\varepsilon} \geqslant g'(c_\varepsilon) - \frac{\varepsilon}{2}$$

De plus : $h_\varepsilon(x) \leqslant \| f(x) - f(c_\varepsilon) \| + \| f(c_\varepsilon) - f(a) \| - (g(x) - g(c_\varepsilon)) - (g(c_\varepsilon) - g(a)) - \varepsilon(x - c_\varepsilon) - \varepsilon(c_\varepsilon - a) - \varepsilon$

D'où : $h_\varepsilon(x) \leqslant (x - c_\varepsilon)(\| f'(c_\varepsilon) \| + \frac{\varepsilon}{2}) + \| f(c_\varepsilon) - f(a) \| - (x - c_\varepsilon)(g'(c_\varepsilon) - \frac{\varepsilon}{2}) - (g(c_\varepsilon) - g(a)) - \varepsilon(x - c_\varepsilon) - \varepsilon(c_\varepsilon - a) - \varepsilon$

$h_\varepsilon(x) \leqslant (x - c_\varepsilon)(\| f'(c_\varepsilon) \| - g'(c_\varepsilon)) + \| f(c_\varepsilon) - f(a) \| - (g(c_\varepsilon)) - g(a)) - \varepsilon(c_\varepsilon - a) - \varepsilon$

$$h_\varepsilon(x) \leqslant \underbrace{(x - c_\varepsilon)}_{(*)} \underbrace{(\| f'(c_\varepsilon) \| - g'(c_\varepsilon))}_{(**)} + \underbrace{h_\varepsilon(c_\varepsilon)}_{(***)}$$

- $(*) > 0$ sur $]c_\varepsilon, c_\varepsilon + \theta[$

- $(**) \leqslant 0$ car par hypothèse $\| f'(x) \| \leqslant g'(x)$ sur $]a,b[$ et $c_\varepsilon \in]a,b[$.

- $(***) \leqslant 0$. En effet :

D'après le théorème (2), il existe une suite $(a_n)_{n\in\mathbb{N}}$ de A_ε convergente vers c_ε [2]. Comme h_ε est continue sur $[a,b]$, la suite $(h_\varepsilon(a_n))_{n\in\mathbb{N}}$ est convergente vers $h_\varepsilon(c_\varepsilon)$.

Or : $\forall n \in \mathbb{N}, h_\varepsilon(a_n) \leqslant 0$.

Par passage à la limite, on a : $h_\varepsilon(c_\varepsilon) \leqslant 0$.

La somme des deux expressions $(*).(**)+ (***)$ étant négative, on a pour tout x de $]c_\varepsilon,c_\varepsilon + \theta[$, $h_\varepsilon(x) \leqslant 0$ et $h_\varepsilon(c_\varepsilon) \leqslant 0$.
$\forall x \in [c_\varepsilon,c_\varepsilon + \theta[$, $h_\varepsilon(x) \leqslant 0$.
Ceci étant impossible, on a donc : $\mathbf{c_\varepsilon = b}$.

4   Conclusion

$\forall \varepsilon > 0$, $h_\varepsilon(b) \leqslant 0$
$\forall \varepsilon > 0$, $\| f(b) - f(a) \| -(g(b) - g(a)) \leqslant \varepsilon(b - a + 1)$.
En passant à la limite, $\| f(b) - f(a) \| -(g(b) - g(a)) \leqslant 0$
$\| f(b) - f(a) \| \leqslant g(b) - g(a)$.

Annexe

- **Théorèmes**

$(\mathbf{1})$ Toute partie A de $\mathbb{R}$, non vide et majorée, admet un plus petit majorant appelé borne supérieure de A et noté $\sup A$.

$(\mathbf{2})$ Soit A une partie non vide de borne supérieure M alors il existe une suite d'éléments de A convergente vers M.

• **Application : Inégalité de Taylor-Lagrange.**

Soit $F : [a,b] \longrightarrow E$ où E est un $\mathbb{R}$-espace vectoriel normé. F est une application de classe C^∞ sur $[a,b]$, $n+1$ fois dérivable sur $]a,b[$. On suppose qu'il existe $M > 0$ tel que : $\forall x \in \,]a,b[, \, \|F^{n+1}(x)\| \leqslant M$. Alors :

$$\| \, F(b) - F(a) - (b-a)F'(a) - \,.... - \frac{(b-a)^n}{n!} F^{(n)}(a) \, \| \leqslant M \frac{(b-a)^{n+1}}{(n+1)!} \, .$$

En effet, posons pour tout x de $[a,b]$:

$$f(x) = F(b) - F(x) - (b-x)F'(x) - ... - \frac{(b-x)^n}{n!} F^{(n)}(x)$$

$$g(x) = -M \frac{(b-x)^{n+1}}{(n+1)!}$$

Les hypothèses du théorème des accroissements finis sont vérifiées car :
- f et g sont continues sur $[a,b]$, dérivables sur $]a,b[$ et :
- $\forall x \in \,]a,b[\, , \, f'(x) = \frac{(b-x)^n}{n!} F^{(n+1)}(x)$ et $g'(x) = M \frac{(b-x)^n}{n!}$

$$\forall x \in \,]a,b[\, , \, \|f'(x)\| \leqslant M \frac{(b-x)^n}{n!}$$

$$\forall x \in \,]a,b[\, , \, \|f'(x)\| \leqslant g'(x)$$

On a donc : $\| \, f(b) - f(a) \, \| \leqslant g(b) - g(a)$

$$\| \, F(b) - F(a) - (b-a)F'(a) - \,.... - \frac{(b-a)^n}{n!} F^{(n)}(a) \, \| \leqslant M \frac{(b-a)^{n+1}}{(n+1)!} \, .$$

Critère d'Abel

Théorème 1

Soit $(\alpha_n)_{n\in\mathbb{N}}$ une suite **à valeurs réelles positives** et $(U_n)_{n\in\mathbb{N}}$ une suite à valeurs dans un espace vectoriel normé complet $(E, \|\,.\,\|)$.

On suppose que :

- la suite $(\alpha_n)_{n\in\mathbb{N}}$ converge vers 0 en décroissant,

- la suite des sommes partielles $(S_n)_{n\in\mathbb{N}}$ telle que $S_n = \displaystyle\sum_{k=0}^{n} U_k$ est bornée sur E,

alors :

la série $\displaystyle\sum_{n\geqslant 0} \alpha_n U_n$ est convergente dans E.

Notation :

posons $\forall n \in \mathbb{N},\ T_n = \displaystyle\sum_{k=0}^{n} \alpha_k U_k.$

Démonstration

$$\forall n \geqslant 2,\ T_n = \sum_{k=0}^{n} \alpha_k U_k = \sum_{k=1}^{n} \alpha_k (S_k - S_{k-1}) + \alpha_0 U_0$$

$$= \sum_{k=1}^{n} \alpha_k S_k - \sum_{k=1}^{n} \alpha_k S_{k-1} + \alpha_0 U_0$$

$$= \sum_{k=1}^{n} \alpha_k S_k - \sum_{k=0}^{n-1} \alpha_{k+1} S_k + \alpha_0 U_0$$

$$= \underbrace{\sum_{k=0}^{n-1} (\alpha_k - \alpha_{k+1}) S_k}_{(*)} + \underbrace{\alpha_n S_n}_{(**)}.$$

1   Convergence de $(*)$ quand n tend vers $+\infty$

Soit la suite $(A_n)_{n\in\mathbb{N}}$ définie par : $\forall n \geqslant 2$, $A_n = \displaystyle\sum_{k=0}^{n-1} (\alpha_k - \alpha_{k+1}) S_k.$

- La suite $(S_n)_{n\in\mathbb{N}}$ étant par hypothèse, bornée dans E, considérons M un réel positif tel que : $\forall n \in \mathbb{N}, \parallel S_n \parallel \leqslant M$.

• La suite $(\alpha_n)_{n\in\mathbb{N}}$ étant par hypothèse, convergente vers 0, considérons ε un réel strictement positif et un entier naturel $n_0 \geqslant 2$ tels que :
$\forall n \geqslant n_0, 0 \leqslant \alpha_n \leqslant \varepsilon$.

On a donc : $\forall n \geqslant n_0, \forall p > n$,

$$\parallel A_p - A_n \parallel = \parallel \sum_{k=n}^{p-1} (\alpha_k - \alpha_{k+1})S_k \parallel \leqslant \sum_{k=n}^{p-1} (\alpha_k - \alpha_{k+1})M \text{ par décroissance}$$
de (α_n).

D'où : $\parallel A_p - A_n \parallel \leqslant M(\alpha_n - \alpha_p) \leqslant M\alpha_n \leqslant M\varepsilon$.

La suite $(A_n)_{n\geqslant 2}$ vérifie donc le critère de Cauchy. Elle est alors convergente dans E espace de Banach (proposition (3)).

2 Convergence de $(**)$ quand n tend vers $+\infty$

La suite $(\alpha_n)_{n\in\mathbb{N}}$ converge vers 0 :
$\forall \varepsilon > 0, \exists n_0 \in \mathbb{N}, \forall n \geqslant n_0, \mid \alpha_n \mid \leqslant \varepsilon$.

La suite $(S_n)_{n\in\mathbb{N}}$ est bornée dans E :
Il existe M un réel positif tel que : $\forall n \in \mathbb{N}, \parallel S_n \parallel \leqslant M$,

et on a :

$\forall \varepsilon > 0, \exists n_0 \in \mathbb{N}, \forall n \geqslant n_0, \parallel \alpha_n S_n \parallel \leqslant \mid \alpha_n \mid . \parallel S_n \parallel \leqslant M\varepsilon$.

La suite $(\alpha_n S_n)_{n\in\mathbb{N}}$ converge vers 0 dans E.

3 Conclusion

De 1. et 2., on en déduit la convergence de la suite $(T_n)_{n\in\mathbb{N}}$ dans $\mathbb{E}$ (comme somme de deux suites convergentes dans E).

La série $\sum_{n\geqslant 0} \alpha_n U_n$ est donc convergente dans E.

Théorème 2 :
Critère d'Abel uniforme

Soit $(\alpha_n)_{n\in\mathbb{N}}$ une suite de fonctions **à valeurs réelles** et $(U_n)_{n\in\mathbb{N}}$ une suite de fonctions à valeurs dans un espace vectoriel normé complet $(E, \|\,.\,\|)$. Toutes les fonctions sont définies sur un intervalle I.

On suppose que :

- la suite de fonctions $(\alpha_n)_{n\in\mathbb{N}}$ converge uniformément sur I vers 0 en décroissant,

- la suite de fonctions $(S_n)_{n\in\mathbb{N}}$ telle que $S_n = \displaystyle\sum_{k=0}^{n} U_k$ est bornée uniformément sur I c'est-à-dire :

$$\exists M > 0, \forall n \in \mathbb{N}, \forall x \in I \ , \ \| S_n(x) \| \leqslant M$$

alors :

la série de fonctions $\displaystyle\sum_{n\geqslant 0} \alpha_n U_n$ converge uniformément sur I.

La démonstration est identique à la précédente.

1. $(A_n)_{n\in\mathbb{N}}$ vérifie le critère de Cauchy uniforme :
$\forall n \geqslant n_0, \forall p > n, \forall x \in I, \| A_p(x) - A_n(x) \| \leqslant M\varepsilon.$
E étant un banach, la suite de fonctions $(A_n)_{n\geqslant 2}$ est uniformément convergente sur I.

2. La suite de fonctions $(\alpha_n)_{n\in\mathbb{N}}$ étant uniformément convergente sur I, la suite de fonctions $(\alpha_n S_n)_{n\in\mathbb{N}}$ l'est aussi.

Annexe

• Définitions

(1) Soit $(U_n)_{n\in\mathbb{N}}$ une suite à valeurs dans E, un espace vectoriel normé. On dit que la série $\sum\limits_{n\geqslant 0} U_n$ converge si la suite des sommes partielles $(S_n)_{n\in\mathbb{N}}$ est convergente.

Rappel : $\forall n \in \mathbb{N}\ , S_n = \sum\limits_{k=0}^{n} U_k$.

(2) On dit qu'une série $\sum\limits_{n\geqslant 0} U_n$ à valeurs dans un espace vectoriel normé E est de Cauchy si : $\forall \varepsilon > 0, \exists N \in \mathbb{N}, q \geqslant p \geqslant N \Longrightarrow \| \sum\limits_{k=p}^{q} U_k \| < \varepsilon.$

• Proposition

(3) Dans un espace de Banach, toute suite de Cauchy converge.

• Application :

Une série de la forme $\sum\limits_{n\geqslant 0} \alpha_n e^{ni\theta}$ converge où $(\alpha_n)_{n\in\mathbb{N}}$ est une suite décroissante tendant vers 0 et où $\theta \in \mathbb{R} \setminus 2\pi\mathbb{Z}$. En effet :

$$\forall n \in \mathbb{N}, \mid 1 + e^{i\theta} + ... + e^{ni\theta} \mid \ = \left| \frac{1 - e^{(n+1)i\theta}}{1 - e^{i\theta}} \right| \leqslant \frac{2}{\mid 1 - e^{i\theta}\mid} = \frac{1}{\mid sin(\theta/2) \mid}.$$

Théorème d'Abel pour les séries entières

Théorème

Soit $\sum_{n\in\mathbb{N}} a_n x^n$ une série entière de variable réelle, de rayon de convergence R et de somme S.

Si la série $\sum_{n\in\mathbb{N}} a_n R^n$ est convergente alors :

$$\lim_{t\to R^-} S(t) = \sum_{n=0}^{+\infty} a_n R^n.$$

En particulier, la fonction S est continue sur [0,R].

Démonstration

1 Montrons que la série entière $\sum_{n=0}^{+\infty} a_n x^n$ est uniformément convergente sur le segment [0,R].

- Supposons que la série $\sum_{n\in\mathbb{N}} a_n$ soit convergente et $\mathbf{R = 1}$.

Pour tout $x \in [0;1]$, pour tout $(p;n) \in \mathbb{N}^2$, on pose :

$$S_{p,n}(x) = a_p x^p + a_{p+1} x^{p+1} + ... + a_{n+p} x^{n+p}$$

et $s_{p,n} = a_p + a_{p+1} + ... + a_{n+p}$.

Donc : $S_{p,n}(x) = s_{p,0} x^p + (s_{p,1} - s_{p,0}) x^{p+1} + ... + (s_{p,n} - s_{p,n-1}) x^{n+p}$

$$= s_{p,0}(x^p - x^{p+1}) + s_{p,1}(x^{p+1} - x^{p+2}) + ... + s_{p,n-1}(x^{n+p-1} - x^{n+p}) + s_{p,n} x^{n+p}$$

$$S_{p,n}(x) = x^p(1-x)(s_{p,0} + s_{p,1} x + ... + s_{p,n-1} x^{n-1}) + s_{p,n} x^{n+p}.$$

Or la série $\sum_{n\in\mathbb{N}} a_n$ converge donc d'après le critère de Cauchy[3], elle est de Cauchy[1] :

$$\forall \varepsilon > 0 \ , \ \exists N \in \mathbb{N}, \forall n \in \mathbb{N} \ , \ \text{si } p \geqslant N \text{ alors } \mid s_{p,n} \mid = \mid \sum_{k=p}^{n+p} a_k \mid < \varepsilon.$$

On a alors : $\mid S_{p,n}(x) \mid < \varepsilon \ (x^p(1-x)(1+x+x^2+...+x^{n-1})+x^{n+p})$

$\mid S_{p,n}(x) \mid < \varepsilon \ (x^p(1-x^n)+x^{n+p})$

$\mid S_{p,n}(x) \mid < \varepsilon x^p \leqslant \varepsilon.$

Conclusion :

$$\forall \varepsilon > 0 \ , \ \exists N \in \mathbb{N}, \forall n \in \mathbb{N} \ , \ \forall x \in [0;1], \text{ si } p \geqslant N \text{ alors } \mid \sum_{k=p}^{n+p} a_k x^k \mid < \varepsilon.$$

La série de fonctions $\sum\limits_{n \in \mathbb{N}} a_n x^n$ est uniformément de Cauchy[2] sur le segment $[0;1]$. Elle est donc uniformément convergente[4] sur $[0;1]$.

- Pour tout **R strictement positif**

On a montré que si la série $\sum\limits_{n \in \mathbb{N}} a_n$ est convergente alors la série de fonctions $\sum\limits_{n \in \mathbb{N}} a_n x^n$ converge uniformément sur $[0;1]$.

Remplaçons pour tout $n \in \mathbb{N}$, a_n par $a_n R^n$. On a donc :

si la série $\sum\limits_{n \in \mathbb{N}} a_n R^n$ est convergente alors la série de fonctions $\sum\limits_{n \in \mathbb{N}} a_n (Rx)^n$ converge uniformément sur $[0;1]$ c'est-à-dire la série de fonctions $\sum\limits_{n \in \mathbb{N}} a_n x^n$ converge uniformément sur $[0;R]$.

2 Montrons que la fonction S est continue en R.

Pour tout $n \in \mathbb{N}$, $x \to a_n x^n$ est une fonction continue sur $\mathbb{R}$ et $\sum\limits_{n \in \mathbb{N}} a_n x^n$ converge uniformément sur $[0;R]$. D'après le théorème de continuité des séries de fonctions uniformément convergente[5] on a : $\lim\limits_{t \to R} S(t) = \sum\limits_{n=0}^{+\infty} a_n R^n.$

Annexe

• Définitions

(1) On dit qu'une série $\sum\limits_{n\in\mathbb{N}} U_n$ à valeurs réelles est **de Cauchy** si elle vérifie la propriété :

$$\forall \varepsilon > 0 \, , \, \exists N \in \mathbb{N}, \forall n \in \mathbb{N} \, , \, \text{si } p \geqslant N \text{ alors } \left| \sum_{k=p}^{n+p} U_k \right| < \varepsilon.$$

(2) On dit qu'une série de fonctions $\sum\limits_{n\in\mathbb{N}} U_n(x)$ est **uniformément de Cauchy** sur un ensemble X si elle vérifie la propriété :

$$\forall \varepsilon > 0 \, , \, \exists N \in \mathbb{N}, \forall n \in \mathbb{N} \, , \, \forall x \in X \, , \, \text{si } p \geqslant N \text{ alors } \left| \sum_{k=p}^{n+p} U_k(x) \right| < \varepsilon.$$

• Théorèmes

(3) Critère de Cauchy pour les séries

Une série $\sum\limits_{n\in\mathbb{N}} U_n$ à valeurs réelles est convergente si et seulement si elle est de Cauchy.

(4) Critère uniforme de Cauchy pour les séries

Une série de fonctions $\sum\limits_{n\in\mathbb{N}} U_n(x)$ est uniformément convergente sur un ensemble X si et seulement si elle est uniformément de Cauchy sur X.

(5) Continuité d'une série de fonctions uniformément convergente

Soit X une partie non vide de $\mathbb{R}$, $a \in \overline{X}$ et $\displaystyle\sum_{n \in \mathbb{N}} U_n(x)$ une série de fonctions de X dans $\mathbb{R}$. On suppose que :

i) $\forall n \in \mathbb{N}, l_n = \lim_{x \to a} U_n(x)$ existe

ii) $\displaystyle\sum_{n \in \mathbb{N}} U_n(x)$ converge uniformément sur X

alors :

i) $\displaystyle\sum_{n \in \mathbb{N}} l_n$ converge

ii) $\displaystyle\lim_{x \to a} \sum_{n \in \mathbb{N}} U_n(x) = \sum_{n=0}^{+\infty} l_n.$

• Application : Montrons que $\displaystyle\sum_{n=0}^{+\infty} \frac{(-1)^n}{2n+1} = \frac{\pi}{4}.$

$\forall x \in\ ]{-1};1[\ ,\ \displaystyle\sum_{n=0}^{+\infty} x^n = \frac{1}{1-x}.$ En évaluant en $-x^2$: $\displaystyle\sum_{n=0}^{+\infty} (-1)^n x^{2n} = \frac{1}{1+x^2}.$

Or arctan est la primitive de $x \to \dfrac{1}{1+x^2}$ qui s'annule en 0. Donc :

$\forall x \in\ ]{-1};1[\ ,\ \arctan(x) = \displaystyle\sum_{n=0}^{+\infty} (-1)^n \frac{x^{2n+1}}{2n+1}$ par intégration terme à terme des séries entières.

Comme $\displaystyle\sum_{n=0}^{+\infty} \frac{(-1)^n}{2n+1}$ est une série convergente (critère des séries alternées), en appliquant le théorème d'Abel :

$$\lim_{x \to 1} \sum_{n=0}^{+\infty} (-1)^n \frac{x^{2n+1}}{2n+1} = \sum_{n=0}^{+\infty} \frac{(-1)^n}{2n+1}$$

$$\frac{\pi}{4} = \sum_{n=0}^{+\infty} \frac{(-1)^n}{2n+1}.$$

Théorème de comparaison série-intégrale

Théorème

Si $f : [1;+\infty[\to \mathbb{R}^+$ est une fonction continue par morceaux, décroissante sur $[1;+\infty[$ alors la série $\sum_{n \geqslant 1} f(n)$ et l'intégrale $\int_1^{+\infty} f(t)dt$ sont de même nature.

- Si $\int_1^{+\infty} f(t)dt$ **diverge** : $\sum_{k=1}^{n} f(k) \sim \int_1^n f(t)dt$.

- Si $\int_1^{+\infty} f(t)dt$ **converge** et si la convergence de la suite $(\int_n^{+\infty} f(t)dt)_{n \in \mathbb{N}^*}$ est lente[1] alors $\sum_{k=n+1}^{+\infty} f(k) \sim \int_n^{+\infty} f(t)dt$.

Notation :

soit $(S_n)_{n \in \mathbb{N}^*}$ la suite des sommes partielles : $\forall n \geqslant 1$, $S_n = \sum_{k=1}^{n} f(k)$ et soit $(U_n)_{n \in \mathbb{N}^*}$ la suite définie par : $\forall n \geqslant 1$, $U_n = S_n - \int_1^n f(t)dt$. (*)

Démonstration

1 Montrons que la suite $(U_n)_{n \in \mathbb{N}^*}$ converge.

f étant décroissante, pour tout $k \geqslant 1$, pour tout $t \in [k,k+1]$:

$f(k+1) \leqslant f(t) \leqslant f(k)$ donc :

$\forall k \geqslant 1$, $f(k+1) \leqslant \int_k^{k+1} f(t)dt \leqslant f(k)$ (**)

- $\forall n \geqslant 1$, $U_{n+1} - U_n = f(n+1) - \int_n^{n+1} f(t)dt \leqslant 0$ d'après (**).

La suite $(U_n)_{n \in \mathbb{N}^*}$ est décroissante.

- $\forall n \geqslant 2$, $\sum_{k=1}^{n-1} f(k+1) \leqslant \int_1^n f(t)dt \leqslant \sum_{k=1}^{n-1} f(k)$ d'après (**)

$\forall n \geqslant 2$, $S_n - \sum_{k=1}^{n-1} f(k) \leqslant S_n - \int_1^n f(t)dt \leqslant S_n - \sum_{k=1}^{n-1} f(k+1)$

$\forall n \geqslant 2$, $f(n) \leqslant U_n \leqslant f(1)$. Or $f(n) \geqslant 0$ donc la suite $(U_n)_{n\in\mathbb{N}^*}$ est minorée par 0.

Conclusion : la suite $(U_n)_{n\in\mathbb{N}^*}$ est décroissante et minorée donc convergente.

2   Supposons que $\int_1^{+\infty} f(t)dt$ converge. Montrons que la série $\sum\limits_{n\geqslant 1} f(n)$ converge aussi.

Supposons que $\int_1^{+\infty} f(t)dt$ converge.

La suite $(\int_1^n f(t)dt)_{n\in\mathbb{N}^*}$ admet une limite finie en $+\infty$. Or :

$\forall n \geqslant 1$, $U_n = S_n - \int_1^n f(t)dt$ et on a vu que la suite $(U_n)_{n\in\mathbb{N}^*}$ converge.

Conclusion : la suite $(S_n)_{n\in\mathbb{N}^*}$ converge donc la série $\sum\limits_{n\geqslant 1} f(n)$ converge aussi[2].

3   Supposons que la série $\sum\limits_{n\geqslant 1} f(n)$ converge. Montrons que $\int_1^{+\infty} f(t)dt$ converge aussi.

Si la série $\sum\limits_{n\geqslant 1} f(n)$ converge alors la suite $(S_n)_{n\in\mathbb{N}^*}$ converge[2].

D'après la relation (*), si $(S_n)_{n\in\mathbb{N}^*}$ et $(U_n)_{n\in\mathbb{N}^*}$ convergent toutes deux alors la suite $(\int_1^n f(t)dt)_{n\in\mathbb{N}^*}$ admet une limite finie en $+\infty$. Soit M cette limite. L'application f étant positive :

$\forall x \in [1,+\infty[$, $\int_1^{E(x)} f(t)dt \leqslant \int_1^x f(t)dt \leqslant \int_1^{E(x)+1} f(t)dt$.

Par passage à la limite quand $x \longrightarrow +\infty$, on a :

$\lim\limits_{x\longrightarrow +\infty} \int_1^x f(t)dt = M$ et $\int_1^{+\infty} f(t)dt$ converge.

Conclusion de 2 et 3 : la série $\sum\limits_{n\geqslant 1} f(n)$ et l'intégrale $\int_1^{+\infty} f(t)dt$ sont de même nature.

4   Montrons que si $\int_1^{+\infty} f(t)dt$ diverge :

$$\sum_{k=1}^n f(k) \sim \int_1^n f(t)dt.$$

Si $\int_1^{+\infty} f(t)dt$ diverge alors la série $\sum_{n \geqslant 1} f(n)$ diverge. Cette série étant à termes positifs, la suite $(S_n)_{n \in \mathbb{N}^*}$ tend vers $+\infty$ quand n tend vers $+\infty$. D'autre part,

la suite $(U_n)_{n \in \mathbb{N}^*} = (S_n - \int_1^n f(t)dt)_{n \in \mathbb{N}^*}$ est convergente. D'où :

$$\lim_{n \longrightarrow +\infty} \frac{S_n - \int_1^n f(t)dt}{S_n} = 0.$$

Conclusion : $(S_n - \int_1^n f(t)dt) = \circ(S_n)$ ce qui équivaut à $S_n \sim \int_1^n f(t)dt$.

5   Si $\int_1^{+\infty} f(t)dt$ converge et si la convergence de la suite $(\int_n^{+\infty} f(t)dt)_{n \in \mathbb{N}^*}$ est lente[1] alors :

$$\sum_{k=n+1}^{+\infty} f(k) \sim \int_n^{+\infty} f(t)dt.$$

D'après (**) on a :

$$\forall k \geqslant 2 \ , \ \int_k^{k+1} f(t)dt \leqslant f(k) \leqslant \int_{k-1}^k f(t)dt. \quad (**)$$

Soit n un entier strictement positif.

$$\forall N > n, \ \int_{n+1}^{N+1} f(t)dt \leqslant \sum_{k=n+1}^N f(k) \leqslant \int_n^N f(t)dt.$$

D'après l'hypothèse, ces trois suites de variable N sont convergentes. En passant à la limite, on obtient :

$$\int_{n+1}^{+\infty} f(t)dt \leqslant \sum_{k=n+1}^{+\infty} f(k) \leqslant \int_n^{+\infty} f(t)dt.$$

Posons $R_n = \sum_{k=n+1}^{+\infty} f(k)$. On a :

$$\frac{\int_{n+1}^{+\infty} f(t)dt}{\int_n^{+\infty} f(t)dt} \leqslant \frac{R_n}{\int_n^{+\infty} f(t)dt} \leqslant 1.$$

Dire que la convergence de la suite $(\int_n^{+\infty} f(t)dt)_{n \in \mathbb{N}^*}$ est lente vers 0 équivaut à dire :

$$\lim_{n \longrightarrow +\infty} \frac{\int_{n+1}^{+\infty} f(t)dt}{\int_{n}^{+\infty} f(t)dt} = 1 \ .$$

Par passage à la limite dans l'inégalité précédente, on a donc :

$$\lim_{n \longrightarrow +\infty} \frac{R_n}{\int_{n}^{+\infty} f(t)dt} = 1 \text{ et } R_n \sim \int_{n}^{+\infty} f(t)dt.$$

Annexe

• Définitions

$(\mathbf{1})$ Soit $(U_n)_{n \in \mathbb{N}}$ une suite réelle convergente vers un réel l. On suppose que la suite de terme général : $\dfrac{U_{n+1} - l}{U_n - l}$ est convergente. On note α sa limite. Si $\mid \alpha \mid = 1$, on dit que la convergence de la suite $(U_n)_{n \in \mathbb{N}}$ est **lente**.

$(\mathbf{2})$ Soit $(U_n)_{n \in \mathbb{N}}$ une suite à valeurs dans $\mathbb{R}$. On dit que la série $\sum\limits_{n \geqslant 0} U_n$ converge si et seulement si la suite des sommes partielles $(\sum\limits_{k=0}^{n} U_k)_{n \in \mathbb{N}}$ converge.

• Application : Séries de Riemann

Soit α un nombre réel. La série de Riemann $\sum\limits_{n=1}^{+\infty} \dfrac{1}{n^\alpha}$ converge si et seulement si $\alpha > 1$. De plus :

- si $\alpha = 1$, $S_n \sim ln(n)$.

- Si $0 < \alpha < 1$, $S_n \sim \dfrac{n^{1-\alpha}}{1 - \alpha}$.

- Si $\alpha > 1$, $R_n \sim \dfrac{1}{(\alpha - 1)n^{\alpha-1}}$.

Preuve :

si $\alpha \leqslant 0$, la série de Riemann diverge grossièrement.

Si $\alpha > 0$, l'application $t \longrightarrow \dfrac{1}{t^\alpha}$ est continue, décroissante sur $[1;+\infty[$. En appliquant le théorème de comparaison série-intégrale, la série de Riemann est de même nature que $\int_1^{+\infty} f(t)dt$ qui converge si et seulement si $\alpha > 1$.
De plus :

- si $\alpha = 1$, $\int_1^n \dfrac{1}{t}dt = ln(n)$ d'où $S_n \sim ln(n)$.

- Si $0 < \alpha < 1$, $\int_1^n \dfrac{1}{t^\alpha}dt = \dfrac{n^{(1-\alpha)} - 1}{1 - \alpha}$ d'où $S_n \sim \dfrac{n^{1-\alpha}}{1 - \alpha}$.

- Si $\alpha > 1$, $\forall n \geqslant 1$, $\int_n^{+\infty} \dfrac{1}{t^\alpha}dt = \dfrac{1}{(\alpha - 1)n^{\alpha-1}} = U_n$

La vitesse de convergence vers 0 de cette suite est lente car :

$$\lim_{n \longrightarrow +\infty} \frac{U_{n+1}}{U_n} = \lim_{n \longrightarrow +\infty} \left(\frac{n}{n+1}\right)^{\alpha-1} = 1 \text{ d'où :}$$

$$R_n \sim \frac{1}{(\alpha - 1)n^{\alpha-1}}.$$

Théorème de Fubini pour les séries doubles de réels positifs

Théorème

Soit $(a_{i,j})_{(i,j)\in\mathbb{N}^2}$ une suite double de réels positifs telle que :

(1) $\forall i \in \mathbb{N}$, la série $\displaystyle\sum_{j\in\mathbb{N}} a_{i,j}$ converge,

(2) la série $\displaystyle\sum_{i\in\mathbb{N}} \left(\sum_{j=0}^{+\infty} a_{i,j} \right)$ converge,

alors :

(i) $\forall j \in \mathbb{N}$, la série $\displaystyle\sum_{i\in\mathbb{N}} a_{i,j}$ converge,

(ii) la série $\displaystyle\sum_{j\in\mathbb{N}} \left(\sum_{i=0}^{+\infty} a_{i,j} \right)$ converge,

(iii) $\displaystyle\sum_{j=0}^{+\infty} \left(\sum_{i=0}^{+\infty} a_{i,j} \right) = \sum_{i=0}^{+\infty} \left(\sum_{j=0}^{+\infty} a_{i,j} \right).$

Notation : $\forall i \in \mathbb{N}$, posons $\alpha_i = \displaystyle\sum_{j=0}^{+\infty} a_{i,j}$ (qui existe par hypothèse (1)) et $S = \displaystyle\sum_{i=0}^{+\infty} \alpha_i$ (qui existe aussi par hypothèse (2)).

Démonstration

1 Montrons (i): $\forall j \in \mathbb{N}$, la série $\displaystyle\sum_{i\in\mathbb{N}} a_{i,j}$ converge.

Pour tout $j \in \mathbb{N}$:

$\left(\displaystyle\sum_{i=0}^{n} a_{i,j} \right)_{n\in\mathbb{N}}$ est une suite à termes positifs, majorée par :

$$\sum_{i=0}^{n}\left(\sum_{j=0}^{+\infty}a_{i,j}\right)=\sum_{i=0}^{n}\alpha_i\leqslant S \text{ donc } \sum_{i\in\mathbb{N}}a_{i,j} \textbf{ converge}^{(1)}.$$

2 Montrons (ii): la série $\displaystyle\sum_{j\in\mathbb{N}}\left(\sum_{i=0}^{+\infty}a_{i,j}\right)$ converge.

Pour tout entier m :

$$\sum_{j=0}^{m}\left(\sum_{i=0}^{+\infty}a_{i,j}\right)=\sum_{j=0}^{m}\left(\lim_{n\longrightarrow+\infty}\sum_{i=0}^{n}a_{i,j}\right)=\lim_{n\longrightarrow+\infty}\sum_{j=0}^{m}\left(\sum_{i=0}^{n}a_{i,j}\right)=\lim_{n\longrightarrow+\infty}\sum_{i=0}^{n}\left(\sum_{j=0}^{m}a_{i,j}\right).$$

Or $\displaystyle\sum_{i=0}^{n}\left(\sum_{j=0}^{m}a_{i,j}\right)\leqslant\sum_{i=0}^{n}\alpha_i\leqslant S.$

D'où : $\displaystyle\sum_{j=0}^{m}\left(\sum_{i=0}^{+\infty}a_{i,j}\right)\leqslant S.$

La suite $\displaystyle\left(\sum_{j=0}^{m}\left(\sum_{i=0}^{+\infty}a_{i,j}\right)\right)_{m\in\mathbb{N}}$ à termes positifs est majorée par S.

Conclusion : $\displaystyle\sum_{j\in\mathbb{N}}\left(\sum_{i=0}^{+\infty}a_{i,j}\right)$ **converge**$^{(1)}$.

3 Montrons (iii): $\displaystyle\sum_{j=0}^{+\infty}\left(\sum_{i=0}^{+\infty}a_{i,j}\right)=\sum_{i=0}^{+\infty}\left(\sum_{j=0}^{+\infty}a_{i,j}\right).$

Posons :

$$\beta_j=\sum_{i=0}^{+\infty}a_{i,j},$$

$$S_n=\sum_{i=0}^{n}\alpha_i,\ S=\lim_{n\longrightarrow+\infty}S_n=\sum_{i=0}^{+\infty}\left(\sum_{j=0}^{+\infty}a_{i,j}\right),$$

$$T_n=\sum_{j=0}^{n}\beta_j,\ T=\lim_{n\longrightarrow+\infty}T_n=\sum_{j=0}^{+\infty}\left(\sum_{i=0}^{+\infty}a_{i,j}\right).$$

Nous voulons montrer que $S=T$.

On a : $\displaystyle S_n=\sum_{i=0}^{n}\left(\sum_{j=0}^{+\infty}a_{i,j}\right)=\sum_{j=0}^{+\infty}\left(\sum_{i=0}^{n}a_{i,j}\right)$ (on permute $\displaystyle\sum_{j=0}^{+\infty}$ et une somme finie).

Or $\displaystyle\forall n\geq 0\,,\ \sum_{i=0}^{n}a_{i,j}\leq\beta_j.$

Ainsi : $S_n \leq \sum\limits_{j=0}^{+\infty} \beta_j = T$.

En faisant tendre n vers $+\infty$, on a $S \leq T$.

Symétriquement, on a :

$$T_n = \sum_{j=0}^{n} \left(\sum_{i=0}^{+\infty} a_{i,j} \right) = \sum_{i=0}^{+\infty} \left(\sum_{j=0}^{n} a_{i,j} \right)$$

avec $\sum\limits_{j=0}^{n} a_{i,j} \leq \alpha_i$ pour tout n

donc $T_n \leq \sum\limits_{i=0}^{+\infty} \alpha_i = S$.

En faisant tendre n vers $+\infty$, on trouve $T \leq S$ d'où l'égalité $T = S$.

Annexe

• Proposition

(1) Une série $\sum\limits_{n \geqslant 0} U_n$ à termes réels positifs converge si et seulement si la suite des sommes partielles $\left(\sum\limits_{k=0}^{n} U_k \right)_{n \in \mathbb{N}}$ est majorée.

• Application : $\displaystyle\sum_{i \in \mathbb{N}} \sum_{j \in \mathbb{N}} \frac{i^j}{i!\,j!}$ converge vers e^e

.

En effet :

$\displaystyle\sum_{j \in \mathbb{N}} \frac{i^j}{i!\,j!}$ converge et vaut $\dfrac{e^i}{i!}$

$\displaystyle\sum_{i \in \mathbb{N}} \frac{e^i}{i!}$ converge et vaut e^e.

Théorème de Fubini

Théorème

Soit $R = [a, b] \times [c, d]$ avec $a < b$ et $c < d$ un rectangle du plan $\mathbb{R}^2$ et soit $f : R \longrightarrow \mathbb{R}$ une fonction continue. Alors :

$$\int_a^b \left(\int_c^d f(x, t)dt \right) dx = \int_c^d \left(\int_a^b f(x, t)dx \right) dt.$$

La valeur commune de ces deux intégrales est appelée **intégrale double de f sur R** et elle est notée : $\displaystyle\int\int_R f(x, y)dxdy$.

Démonstration

La fonction f est continue sur R. D'après la proposition (1), on a la continuité et donc l'intégrabilité des fonctions :

$$g : x \longmapsto \int_c^d f(x, t)dt \text{ sur } [a, b]$$

$$h : t \longmapsto \int_a^b f(x, t)dx \text{ sur } [c, d]$$

- Soit G_1, définie sur $[a, b]$ par $G_1(y) = \int_a^y g(x)dx$.

La fonction G_1 est de classe C^1 sur $[a, b]$ et on a : $\forall y \in [a, b]$, $G_1'(y) = g(y)$.

- Soit G_2, définie sur $[a, b]$ par $G_2(y) = \int_c^d \left(\int_a^y f(x, t)dx \right) dt$.

D'après la proposition (2), la fonction $\varphi : (y, t) \longmapsto \int_a^y f(x, t)dx$ est définie et continue sur $[a, b] \times [c, d]$.

De plus, elle admet en tout point (y, t) de $[a, b] \times [c, d]$ une dérivée partielle par rapport à y donnée par : $\dfrac{\partial \varphi}{\partial y}(y, t) = f(y, t)$.

La fonction $\dfrac{\partial \varphi}{\partial y}$ est continue sur $[a, b] \times [c, d]$. D'après le théorème (3), G_2 est de classe C^1 sur $[a, b]$ et :

$$\forall y \in [a, b] \ , \ G_2'(y) = \int_c^d f(y, t)dt = g(y).$$

• **Conclusion** : G_1 et G_2 sont deux fonctions de classe C^1 sur $[a,b]$ et de dérivées égales sur $[a,b]$. Or $G_1(a) = G_2(a) = 0$ donc $G_1 = G_2$ sur $[a,b]$.

En particulier $G_1(b) = G_2(b)$ c'est-à-dire $\displaystyle\int_a^b \left(\int_c^d f(x,t)dt \right) dx = \int_c^d \left(\int_a^b f(x,t)dx \right) dt$.

Annexe

• **Propositions**

(1) Continuité d'une intégrale dépendant d'un paramètre

Soient I et J deux intervalles fermés et bornés de $\mathbb{R}$ et $f : I \times J \longrightarrow \mathbb{C}$ une fonction continue sur $I \times J$. Alors :

l'application F_1 définie sur I par : $x \mapsto \displaystyle\int_J f(x,t)dt$ est **continue** sur I.

l'application F_2 définie sur J par : $t \mapsto \displaystyle\int_I f(x,t)dx$ est **continue** sur J.

(2) Continuité par composition

Soient I et J deux intervalles de $\mathbb{R}$ et $f : I \times J \longrightarrow \mathbb{C}$ une fonction continue sur $I \times J$ alors l'application $\Phi : (u,v,t) \mapsto \displaystyle\int_u^v f(x,t)dx$ est **continue** sur $I \times I \times J$.

• **Théorème**

(3) Dérivabilité d'une intégrale dépendant d'un paramètre

Soient I un intervalle de $\mathbb{R}$, J un intervalle fermé borné de $\mathbb{R}$ et $f : I \times J \longrightarrow \mathbb{C}$ une fonction continue sur $I \times J$.

Si la dérivée partielle $\dfrac{\partial f}{\partial x}$ est définie et continue sur $I \times J$ alors :

la fonction F définie sur I par $F(x) = \displaystyle\int_J f(x,t)dt$ est **de classe $\mathbf{C^1}$** sur I et $\forall x \in I$, $F'(x) = \displaystyle\int_J \dfrac{\partial f}{\partial x}(x,t)dt$.

- ## Application 1 : calcul de $\displaystyle\int_0^{+\infty} e^{\frac{-x^2}{2}}\,dx$.

Cette intégrale est convergente car $e^{\frac{-x^2}{2}} = o(\frac{1}{x^2})$ $(x \longrightarrow +\infty)$.

Posons pour $a > 0$, $I(a) = \displaystyle\int_0^a e^{\frac{-x^2}{2}}\,dx$.

$$I(a)^2 = \left(\int_0^a e^{\frac{-x^2}{2}}\,dx\right)\left(\int_0^a e^{\frac{-y^2}{2}}\,dy\right).$$

Par le théorème de Fubini :

$$I(a)^2 = \int_0^a \left(\int_0^a e^{-\frac{x^2+y^2}{2}}\,dx\right)dy = \iint_{[0;a]^2} e^{-\frac{x^2+y^2}{2}}\,dxdy.$$

Soit le quart de disque $D_a = \{(r\cos\theta; r\sin\theta)/r \in [0;a]\,, \theta \in \left[0;\frac{\pi}{2}\right]\}$.

On a : $D_a \subset [0;a]^2 \subset D_{a\sqrt{2}}$ et comme la fonction intégrée est positive,

$$\iint_{D_a} e^{-\frac{x^2+y^2}{2}}\,dxdy \leqslant I(a)^2 \leqslant \iint_{D_{a\sqrt{2}}} e^{-\frac{x^2+y^2}{2}}\,dxdy. \quad (*)$$

Or par passage en coordonnées polaires : $\displaystyle\iint_{D_a} e^{-\frac{x^2+y^2}{2}}\,dxdy = \iint_{[0;a]\times\left[0;\frac{\pi}{2}\right]} e^{-\frac{r^2}{2}}\,rdrd\theta.$

En utilisant de nouveau le théorème de Fubini, on obtient :

$$\int_{D_a} e^{-\frac{x^2+y^2}{2}}\,dxdy = \left(\int_0^{\frac{\pi}{2}} d\theta\right)\left(\int_0^a re^{-\frac{r^2}{2}}\,dr\right) = \frac{\pi}{2}(1 - e^{-\frac{a^2}{2}})$$

$$\lim_{a\longrightarrow+\infty} \int_{D_a} e^{-\frac{x^2+y^2}{2}}\,dxdy = \frac{\pi}{2}.$$

Par un calcul analogue : $\displaystyle\lim_{a\longrightarrow+\infty} \int_{D_{a\sqrt{2}}} e^{-\frac{x^2+y^2}{2}}\,dxdy = \frac{\pi}{2}.$

D'après l'encadrement (*), on a alors : $\displaystyle\lim_{a\longrightarrow+\infty} I(a)^2 = \frac{\pi}{2}$

D'où : $\displaystyle\int_0^{+\infty} e^{\frac{-x^2}{2}}\,dx = \sqrt{\frac{\pi}{2}}.$

- ## Application 2 : Contre-exemple avec une fonction discontinue en un point du bord de R

Soit $R=[0,1]\times[0,1]$ et une fonction $f : R \longrightarrow \mathbb{R}$ définie par $f(x,y) = \dfrac{x^2 - y^2}{(x^2 + y^2)^2}$ si $(x,y) \neq (0,0)$ et $f(x,y) = 1$ si $(x,y) = (0,0)$.

On a : $\int_0^1 f(x,y)dy = \left[\dfrac{y}{x^2+y^2}\right]_0^1 = \dfrac{1}{1+x^2}$

d'où : $\int_0^1 (\int_0^1 f(x,y)dy)dx = \dfrac{\pi}{4}$.

Par symétrie des rôles de x et y, on a : $\int_0^1 (\int_0^1 f(x,y)dx)dy = -\dfrac{\pi}{4}$

Cela s'explique par le fait que f n'est pas intégrable sur R.

En effet, on a : $\int \int_R \mid f(x,y) \mid dxdy = +\infty$.

Théorème de Dirichlet

> ## **Théorème**
>
> Soit f une fonction définie sur $\mathbb{R}$ à valeurs dans $\mathbb{C}$, continue par morceaux sur $\mathbb{R}$ et 2π-périodique.
> Soit $x \in \mathbb{R}$. On suppose que f possède une dérivée à droite et à gauche de x. Alors la série de Fourier de f converge au point x vers $\tilde{f}(x) = \dfrac{f(x^+) + f(x^-)}{2}$.

Notation : soit $S_n(f)$ la série de Fourier[1] de f.

Démonstration

1   Noyau de Dirichlet

$\forall \mathbf{n} \in \mathbb{N}, \forall \mathbf{u} \in \mathbb{R}, \mathbf{D_n(u)} = \displaystyle\sum_{\mathbf{k=-n}}^{\mathbf{n}} \mathbf{e^{iku}}$ (Noyau de Dirichlet).

Montrons que :

a) $\forall \mathbf{n} \in \mathbb{N}, \mathbf{D_n}$ **est une application paire et** $\dfrac{1}{2\pi} \int_0^\pi \mathbf{D_n(x)dx} = \dfrac{1}{2}$.

b) $\forall \mathbf{n} \in \mathbb{N}, \forall \mathbf{u} \in \mathbb{R}\backslash 2\pi\mathbb{Z}, \mathbf{D_n(u)} = \dfrac{\sin(\frac{(2n+1)u}{2})}{\sin(\frac{u}{2})}$.

a) Pour $n = 0$, $\forall u \in \mathbb{R}, D_0(u) = 1$ fonction paire et :
$\dfrac{1}{2\pi} \int_0^\pi D_0(x)dx = \dfrac{1}{2\pi} \int_0^\pi dx = \dfrac{1}{2}$.

Pour $n > 0$. $\forall u \in \mathbb{R}$, $D_n(u) = 1 + \displaystyle\sum_{k=1}^{n} (e^{iku} + e^{-iku})$.

D_n étant une somme d'applications paires est également paire et on a :

$\dfrac{1}{2\pi} \int_0^\pi D_n(x)dx = \dfrac{1}{2\pi}(\int_0^\pi dx + \displaystyle\sum_{k=1}^{n} \int_0^\pi (e^{ikx} + e^{-ikx})dx)$.

Or pour tout entier k non nul, $\int_0^\pi (e^{ikx} + e^{-ikx})dx = \left[\dfrac{e^{ikx}}{ik} - \dfrac{e^{-ikx}}{ik}\right]_0^\pi = 0$.

D'où : $\frac{1}{2\pi}\int_0^\pi D_n(x)dx = \frac{1}{2\pi}(\pi + \sum_{k=1}^{n}\int_0^\pi (e^{ikx} + e^{-ikx})dx) = \frac{1}{2}.$

b) Si $u \in \mathbb{R}\backslash 2\pi\mathbb{Z}$:

$$\sum_{k=-n}^{n} e^{iku} = e^{-inu}\sum_{k=0}^{2n} e^{iku} = e^{-inu}\frac{(e^{(2n+1)iu} - 1)}{e^{iu} - 1} = e^{-inu}.\frac{e^{(2n+1)iu/2}.(e^{(2n+1)iu/2} - e^{-(2n+1)iu/2})}{e^{iu/2}.(e^{iu/2} - e^{-iu/2})}$$

$$\sum_{k=-n}^{n} e^{iku} = \frac{sin(\frac{(2n+1)u}{2})}{sin(\frac{u}{2})}.$$

2 Noyau de Dirichlet et produit de convolution

Montrons : $\forall \mathbf{n} \in \mathbb{N}, \forall \mathbf{x} \in \mathbb{R}, \mathbf{S_n(f)(x)} = \frac{1}{2\pi}\int_0^\pi (\mathbf{f(x+v) + f(x-v))D_n(v)dv}.$

Pour tout $n \in \mathbb{N}$, pour tout $x \in \mathbb{R}$:
$$S_n(f)(x) = \sum_{k=-n}^{n} c_k(f)e^{ikx} = \sum_{k=-n}^{n} (\frac{1}{2\pi}\int_{-\pi}^{\pi} f(t)e^{-ikt}dt)e^{ikx}$$
$$= \sum_{k=-n}^{n} (\frac{1}{2\pi}\int_{-\pi}^{\pi} f(t)e^{ik(x-t)}dt).$$

Effectuons le changement de variable $u = x - t$
$$S_n(f)(x) = \sum_{k=-n}^{n} (\frac{1}{2\pi}\int_{x-\pi}^{x+\pi} f(x-u)e^{iku}du).$$

Or la fonction $u \to f(x-u)e^{iku}$ est 2π-périodique comme produit de deux fonctions 2π-périodiques. D'où :
$$S_n(f)(x) = \sum_{k=-n}^{n} (\frac{1}{2\pi}\int_{-\pi}^{+\pi} f(x-u)e^{iku}du)$$
$$= \int_{-\pi}^{\pi} \frac{1}{2\pi}f(x-u)(\sum_{k=-n}^{n} e^{iku})du$$
$$= \frac{1}{2\pi}\int_{-\pi}^{\pi} f(x-u)D_n(u)du$$
$$= \frac{1}{2\pi}(\int_{-\pi}^{0} f(x-u)D_n(u)du + \int_0^\pi f(x-u)D_n(u)du).$$

Effectuons le changement de variable $v = -u$ dans la première intégrale :
$$S_n(f)(x) = \frac{1}{2\pi}(\int_0^\pi f(x+v)D_n(-v)dv + \int_0^\pi f(x-u)D_n(u)du).$$
Or $u \to D_n(u)$ est une fonction paire. D'où :
$$S_n(f)(x) = \frac{1}{2\pi}(\int_0^\pi f(x+v)D_n(v)dv + \int_0^\pi f(x-u)D_n(u)du)$$
$$= \frac{1}{2\pi}(\int_0^\pi (f(x+v) + f(x-v))D_n(v)dv).$$

3   Soit $x \in \mathbb{R}$. Montrons que : $\displaystyle\lim_{n \to +\infty} S_n(f)(x) = \tilde{f}(x)$.

Pour tout $n \in \mathbb{N}$:

$$S_n(f)(x) - \tilde{f}(x) = \frac{1}{2\pi}\left(\int_0^\pi (f(x+v) + f(x-v))D_n(v)dv\right) - \frac{f(x^+) + f(x^-)}{2}.$$

Or d'après la partie 1a), $\dfrac{1}{2\pi} \int_0^\pi D_n(x)dx = \dfrac{1}{2}$ et $D_n(u) = \dfrac{sin(\frac{(2n+1)u}{2})}{sin(\frac{u}{2})}$ donc :

$$S_n(f)(x) - \tilde{f}(x) = \frac{1}{2\pi}\left(\int_0^\pi (f(x+v) + f(x-v))D_n(v)dv - \int_0^\pi (f(x^+) + f(x^-))D_n(u)du\right)$$

$$= \int_0^\pi \frac{f(x+u) - f(x^+) + f(x-u) - f(x^-)}{2\pi} \cdot \frac{sin(\frac{(2n+1)u}{2})}{sin(\frac{u}{2})} du.$$

Posons $h_x(u) = \dfrac{f(x+u) - f(x^+) + f(x-u) - f(x^-)}{2sin(\frac{u}{2})}$. On a :

$$S_n(f)(x) - \tilde{f}(x) = \frac{1}{\pi} \int_0^\pi h_x(u) sin(\tfrac{(2n+1)u}{2})du.$$

Or par hypothèse, f possède une dérivée à droite et à gauche de x. On a donc :

$$\lim_{h \to 0^-} \frac{f(x-h) - f(x^+)}{-h} = f_d'(x) \text{ et } \lim_{h \to 0^+} \frac{f(x-h) - f(x^-)}{-h} = f_g'(x).$$

D'où : $\displaystyle\lim_{u \to 0^+} h_x(u) = f_d'(u) - f_g'(u)$ et $\displaystyle\lim_{u \to 0^-} h_x(u) = f_g'(u) - f_d'(u)$.

Donc h_x admet une limite en 0^+ et en 0^- et elle est continue par morceaux sur $[-\pi;0[$ et sur $]0;\pi]$. Elle se prolonge donc de manière unique en une fonction impaire sur $[-\pi;\pi]$. On a alors :

$u \to h_x(u) sin(\tfrac{(2n+1)u}{2})$ est paire comme produit de deux fonctions impaires et :

$$S_n(f)(x) - \tilde{f}(x) = \frac{1}{2\pi} \int_{-\pi}^\pi h_x(u) sin(\tfrac{(2n+1)u}{2})du.$$

D'après le lemme de Lebesgue[2], $\displaystyle\lim_{n \to +\infty} \int_{-\pi}^\pi h_x(u) sin(\tfrac{(2n+1)u}{2}) = 0$.

Conclusion : $\displaystyle\lim_{n \to +\infty} S_n(f)(x) = \tilde{f}(x)$

$S_n(f)$ **converge au point x** vers $\tilde{f}$.

Annexe

• Définition

(1) Soit f une fonction définie sur $\mathbb{R}$ à valeurs dans $\mathbb{C}$, continue par morceaux sur $\mathbb{R}$ et 2π-périodique. On appelle série de Fourier de la fonction f, la série trigonométrique de sommes partielles :

$$S_n(f)(x) = \sum_{k=-n}^{n} c_k(f)e^{ikx} \text{ où } \forall k \in \mathbb{Z} \ , \ c_k(f) = \frac{1}{2\pi} \int_{-\pi}^{\pi} f(t)e^{-ikt}dt.$$

• Lemme de Lebesgue

(2) Si f est une fonction définie sur $\mathbb{R}$ à valeurs dans $\mathbb{C}$, continue sur $[a;b]$ où $(a,b) \in \mathbb{R}^2$ alors : $\displaystyle\lim_{n \to +\infty} \int_a^b f(t)sin(nt)dt = 0.$

• Application : Montrez que $\displaystyle\sum_{n=1}^{+\infty} \frac{1}{n^2} = \frac{\pi^2}{6}.$

Soit $f : \mathbb{R} \longrightarrow \mathbb{R}$ la fonction 2π-périodique égale à $1 - \dfrac{x^2}{\pi^2}$ sur $[-\pi,\pi]$.
La fonction f est continue et C^1 par morceaux sur $[-\pi,\pi]$.

Sa série de Fourier converge donc simplement sur $[-\pi,\pi]$ vers $f = \tilde{f}$, ce qui s'écrit :

$$\forall x \in [-\pi,\pi] \ , \ f(x) = \frac{2}{3} - \frac{4}{\pi^2} \sum_{n=1}^{+\infty} \frac{(-1)^n}{n^2}cosnx.$$

Pour $x = \pi$, on a : $0 = \dfrac{2}{3} - \dfrac{4}{\pi^2} \displaystyle\sum_{n=1}^{+\infty} \frac{1}{n^2}$ d'où : $\displaystyle\sum_{n=1}^{+\infty} \frac{1}{n^2} = \frac{\pi^2}{6}.$

Théorème de Cauchy-lipschitz linéaire

Théorème

$\mathbb{K} = \mathbb{R}$ ou $\mathbb{C}$; I un intervalle de $\mathbb{R}$ non réduit à un point.
Soient $A \in M_n(\mathbb{K})$, B une application continue de I vers $\mathbb{K}^n$, $(t_0, u_0) \in I \times \mathbb{K}^n$.
Le système ci-dessous (*) appelé problème de Cauchy admet une solution unique sur I :

$$\begin{cases} Y' = AY + B : (1) \\ Y(t_0) = u_0 : (2) \end{cases}$$

Notation :
$\mathscr{C}(I, \mathbb{K}^n)$ est l'ensemble des fonctions continues sur l'intervalle I et à valeurs dans $\mathbb{K}^n$.

Démonstration

1 Montrons que le problème de Cauchy équivaut à la recherche d'une solution $Y \in \mathscr{C}(I, \mathbb{K}^n)$ telle que :

$$\forall t \in I, Y(t) = u_0 + \int_{t_0}^{t} (AY(v) + B(v))dv. \quad (\text{**})$$

- (**) $\Rightarrow$ (*) ?

Si Y satisfait (**) alors :
- $Y(t_0) = u_0$: (2)
- $\phi : I \to \mathbb{K}^n$ telle que : $\phi(t) = AY(t) + B(t)$ est continue et admet Y comme primitive sur I :
$\forall t \in I$, $Y'(t) = \phi(t) = AY(t) + B(t)$: (1)
Conclusion : (*) est vérifiée.

- (*) $\Rightarrow$ (**) ?

Si Y est solution du problème de Cauchy, Y est C^1 sur I [3] et on a :

$$\forall t \in I \ , \ Y(t) = Y(t_0) + \int_{t_0}^{t} Y'(v)dv = u_0 + \int_{t_0}^{t} (AY(v) + B(v))dv.$$

Conclusion : (**) est vérifiée.

2 On suppose que I est un compact. Considérons la suite de fonctions vectorielles $Y_n : I \to \mathbb{K}^n$ continues sur I, définies par :

$$Y_0(t) = u_0$$

$$Y_{n+1}(t) = u_0 + \int_{t_0}^{t} (AY_n(v) + B(v))dv. \ \ (\text{***})$$

Montrons que (Y_n) converge uniformément sur I vers Y qui vérifie :

$$\forall t \in I \ , \ Y(t) = u_0 + \int_{t_0}^{t} (AY(v) + B(v))dv.$$

2.1 Y_n converge uniformément vers Y sur I ?

• On munit :

- $\mathbb{K}^n$ d'une norme quelconque : $\|.\|$

- $M_n(\mathbb{K})$ d'une norme d'algèbre : $\|.\|_{M_n}$ telle que $\|A\|_{M_n} = \sup\limits_{Y \in \mathbb{K}^n \setminus \{0\}} \frac{\|AY\|}{\|Y\|}$

($\|A\|_{M_n}$ est le plus petit réel $\alpha \geqslant 0$ tel que $\forall Y \in \mathbb{K}^n$, $\|AY\| \leqslant \alpha \|Y\|$)

- $\mathscr{C}(I, \mathbb{K}^n)$ de la norme : $\|.\|_\infty$ telle que $\forall f \in \mathscr{C}(I, \mathbb{K}^n)$, $\|f\|_\infty = \sup\limits_{t \in I} \|f(t)\|$

- $t \to \|B(t)\|$ est continue sur I compact [4] donc :
$\exists \beta \geqslant 0$ tel que $\forall t \in I : \|B(t)\| \leqslant \beta$.

• $\forall t \in I$, $\|Y_{n+1}(t) - Y_n(t)\| = \| \int_{t_0}^{t} A(Y_n(v) - Y_{n-1}(v))dv \| \leqslant | \int_{t_0}^{t} \|A(Y_n(v) - Y_{n-1}(v))\| dv |$

$\forall t \in I$, $\|Y_{n+1}(t) - Y_n(t)\| \leqslant \alpha . | \int_{t_0}^{t} \|(Y_n(v) - Y_{n-1}(v))\| dv |$.

De plus :

$\|Y_1(t) - Y_0(t)\| = \| \int_{t_0}^{t} (AY_0(v) + B(v))dv \| \leqslant | \int_{t_0}^{t} \|Au_0 + B(v)\| dv | \leqslant | \int_{t_0}^{t} (\alpha \|u_0\| + \beta)dv |$

$\|Y_1(t) - Y_0(t)\| \leqslant (\alpha \|u_0\| + \beta) . | t - t_0 |$.

On montre alors par une récurrence sur n que :

$\forall n \in \mathbb{N}$, $\forall t \in I$, $\|Y_{n+1}(t) - Y_n(t)\| \leqslant \alpha^n . (\alpha \|u_0\| + \beta) . \frac{|t - t_0|^{n+1}}{(n+1)!}$.

Sur $I = [a; b]$: $\|Y_{n+1}(t) - Y_n(t)\|_\infty \leqslant \alpha^n . (\alpha \|u_0\| + \beta) . \frac{|b - a|^{n+1}}{(n+1)!}$.

La convergence de la série : $\sum\limits_{n \geq 0} \frac{(\alpha(b-a))^n}{n!} = e^{\alpha.(b-a)}$ entraîne la convergence normale de la série de fonctions $\sum\limits_{n \geq 0} (Y_{n+1}(t) - Y_n(t))$ et donc sa convergence uniforme sur I.

Conclusion : la suite des fonctions $(Y_n)_{n \in \mathbb{N}}$ converge uniformément sur I vers une fonction Y.

2.2   Y vérifie $\mathbf{Y(t) = u_0 + \int_{t_0}^{t} (AY(v) + B(v))dv}$?

Comme $\|AY_n - AY\|_\infty \leqslant \alpha \|Y_n - Y\|_\infty$, on a :

(Y_n) converge uniformément vers $Y \Rightarrow (AY_n)$ converge uniformément vers (AY).

D'où :

$$\lim_{n \to \infty} \int_{t_0}^{t} (AY_n(v) + B(v))dv = \int_{t_0}^{t} \lim_{n \to \infty} (AY_n(v) + B(v))dv = \int_{t_0}^{t} (AY(v) + B(v))dv.$$

(***) devient par passage à la limite quand $n \to \infty$:

$$Y(t) = u_0 + \int_{t_0}^{t} (AY(v) + B(v))dv \ .$$

Remarque : On a donc montré l'existence d'une solution au problème de Cauchy.

3   Montrons l'unicité de la solution Y sur I que l'on a supposé compact.

Supposons qu'il existe deux solutions Y_1 et Y_2 vérifiant :

$$\forall t \in I \ , \ \mathrm{Y(t)} = u_0 + \int_{t_0}^{t} (AY(v) + B(v))dv.$$

Leur différence : $\mathrm{Y} = Y_1 - Y_2$ satisfait à :

$$\forall t \in I \ , \ \mathrm{Y(t)} = \int_{t_0}^{t} AY(v)dv. \ (\text{****})$$

Or, Y est continue sur le compact I donc bornée [4] :

$\exists N > 0$ tel que $\|Y(t)\| \leqslant N$.

En utilisant cette majoration dans la relation (****) et en intégrant successivement, on peut démontrer par une récurrence sur n que :

$\forall t \in I \ , \ \|Y(t)\| \leqslant N.\alpha^n.\dfrac{|t-t_0|^n}{n!}$.

Or : $\forall t \in I \ , \ \lim\limits_{n \to \infty} N.\alpha^n.\dfrac{|t-t_0|^n}{n!} = 0.$

On a donc : $\forall t \in I : \mathrm{Y(t)} = 0 \Rightarrow Y_1 = Y_2.$

Conclusion : Il y a unicité de la solution au problème de Cauchy sur I compact.

4   Supposons I non compact .

Soit I un intervalle quelconque contenant t_0. On peut trouver une suite croissante d'intervalles compacts $(I_n)_{n \in \mathbb{N}}$ contenant tous t_0 et tels que : $I = \bigcup\limits_{n \in \mathbb{N}} I_n$.

• Existence d'une solution Y sur I.

Sur chaque intervalle I_n, il existe une solution unique $Y_n \in \mathscr{C}(I, \mathbb{K}^n)$ répondant au problème de Cauchy. La restriction de Y_{n+1} à I_n coïncide avec Y_n par unicité de la solution sur I_n. On a : $I_n \cup I_{n+1} = I_{n+1}$ donc par 'recollement' des solutions sur chaque intervalle, on a une solution $Y \colon t \in I_n \longmapsto Y_n(t)$.

• Unicité de la solution sur I.

Si Y est solution sur I alors $\forall n \in \mathbb{N}$, la restriction de Y à I_n coïncide avec Y_n par unicité de la solution sur chaque I_n. Donc Y est la solution construite précédemment.

Annexe

• Propositions

(3) Si $A \in M_n(\mathbb{K})$ et B est une application continue de I vers $\mathbb{K}^n$, toute solution de : $Y' = AY + B$ est de classe C^1 sur I.

(4) Une fonction continue sur un compact est bornée et atteint ses bornes.

• Application :

Le système différentiel suivant :

$$\begin{cases} x' = -2x + y + 2ch(t) \\ y' = 4x + y + 3e^{-t} \\ x(0) = y(0) = 0 \end{cases}$$

admet une solution unique sur $\mathbb{R}$ qui est :
$Y : t \to (\frac{7}{15}e^{2t} - \frac{3}{10}e^{-3t} - \frac{1}{6}e^{-t} \; ; \; \frac{28}{15}e^{2t} + \frac{3}{10}e^{-3t} - \frac{13}{6}e^{-t})$.

Deuxième partie : probabilités

Théorème de Weierstrass-Stone

> **Théorème**
>
> Toute fonction définie et continue sur un compact $[a, b]$ de $\mathbb{R}$ est limite uniforme sur $[a, b]$ d'une suite de polynômes.

Notation : soit f une fonction continue sur $[0;1]$.

Pour tout $n \in \mathbb{N}^*$ et pour tout $x \in [0; 1]$, soit (Ω, A, P) un espace probabilisé et $(X_i)_{i \in [\![1;n]\!]}$ une suite de variables aléatoires réelles indépendantes, de même loi de Bernoulli de paramètre x.

Démonstration

1   Pour tout $n \in \mathbb{N}^*$: $S_{n,x} = \sum_{i=1}^{n} X_i$.

Montrons que $S_{n,x}$ suit une loi binomiale de paramètres n et x.

Pour tout $i \in [\![1; n]\!]$, X_i suit une loi de Bernoulli.

Soient $A_i = \{X_i = 1\}$ et $x = p(A_i)$.

Pour $k \in [\![0; n]\!]$, l'événement $(S_{n,x} = k)$ est la réunion de n événements où A_i apparaît k fois et $\overline{A_i}$ apparaît $n - k$ fois. Ces événements étant deux à deux disjoints, la probabilité de $(S_{n,x} = k)$ est la somme des probabilités de ces événements. Ils ont tous pour probabilité $x^k(1 - x)^{n-k}$. On a $\binom{n}{k}$ n-uplets comportant k fois A_i et $n - k$ fois $\overline{A_i}$, d'où :

$P(S_{n,x} = k) = \binom{n}{k}x^k(1 - x)^{n-k}$.

$S_{n,x}$ suit donc une loi binomiale de paramètres n et x.

2   Construction d'une suite de polynômes $(P_n)_{n \in \mathbb{N}}$

La variable aléatoire réelle $S_{n,x}$ prend ses valeurs dans l'ensemble $[\![0; n]\!]$.

Par définition de l'espérance[1], pour tout $n \in \mathbb{N}^*$:

$$E(S_{n,x}) = \sum_{k=0}^{n} kP(S_{n,x} = k) = \sum_{k=0}^{n} k\binom{n}{k}x^k(1-x)^{n-k}. \text{ En appliquant le théorème}$$

de transfert[2] : $E(f(\frac{S_{n,x}}{n})) = \sum_{k=0}^{n} f(\frac{k}{n})\binom{n}{k}x^k(1-x)^{n-k}$.

On considère l'application P_n définie sur $[0;1]$ par : $P_n(x) = E(f(\frac{S_{n,x}}{n}))$.

$\forall x \in [0;1]$, $P_n(x) = \sum_{k=0}^{n} f(\frac{k}{n})\binom{n}{k}x^k(1-x)^{n-k}$.

L'application P_n est la restriction sur $[0;1]$ d'une fonction polynôme. Montrons que cette suite de polynômes converge uniformément sur $[0;1]$ vers la fonction f .

3 Montrons que sur $[0;1]$:$\forall \varepsilon > 0, \exists \alpha > 0$,

$$\mid P_n(x) - f(x) \mid \leq \varepsilon + 2M.P(\mid \frac{S_{n,x}}{n} - x \mid \geq \alpha) \text{ où}$$
$$M = \sup_{x\in[0;1]} \mid f(x) \mid.$$

La fonction f étant continue sur le compact $[0;1]$, d'après le théorème de Heine[3], elle est uniformément continue sur $[0;1]$.

Soit ε un réel strictement positif. Il existe alors **un réel strictement positif** α tel que : $\forall x \in [0;1]$, $\forall y \in [0;1]$, $\mid x - y \mid \leq \alpha \Rightarrow \mid f(x) - f(y) \mid \leq \varepsilon$. (*)

Posons pour tout $n \in \mathbb{N}^*$: $I_{n,x} = \{k \in [\![0;n]\!] \; / \mid \frac{k}{n} - x \mid \leq \alpha\}$.

• $\mid P_n(x) - f(x) \mid = \mid (\sum_{k=0}^{n} f(\frac{k}{n})\binom{n}{k}x^k(1-x)^{n-k}) - f(x) \mid$.

Or $f(x) = \sum_{k=0}^{n} f(x)\binom{n}{k}x^k(1-x)^{n-k}$ car $\sum_{k=0}^{n} \binom{n}{k}x^k(1-x)^{n-k} = 1$ et on a :

$\mid P_n(x) - f(x) \mid = \mid \sum_{k=0}^{n} (f(\frac{k}{n}) - f(x))\binom{n}{k}x^k(1-x)^{n-k} \mid$

$\mid P_n(x) - f(x) \mid \leq (**) + (***)$ avec :

$(**) = \mid \sum_{k\in I_{n,x}} (f(\frac{k}{n}) - f(x))\binom{n}{k}x^k(1-x)^{n-k} \mid$

$(***) = \mid \sum_{k\notin I_{n,x}} (f(\frac{k}{n}) - f(x))\binom{n}{k}x^k(1-x)^{n-k} \mid$.

Majorons $(**)$ et$(***)$:

• si $k \in I_{n,x}$ alors $\mid f(\frac{k}{n}) - f(x) \mid \leq \varepsilon$ (d'après la relation (*)) et donc :

$(**) \leq \sum_{k\in I_{n,x}} \varepsilon \binom{n}{k}x^k(1-x)^{n-k}$

$(**) \leq \varepsilon \sum_{k=0}^{n} \binom{n}{k}x^k(1-x)^{n-k}$

$(**) \leq \varepsilon.$

• f est continue sur le compact $[0;1]$ donc d'après la proposition (4), f est bornée par le réel $M = \sup_{x\in[0;1]} \mid f(x) \mid$ et on a :

$$(***) \leqslant 2M \sum_{k \notin I_{n,x}} \binom{n}{k} x^k (1-x)^{n-k}.$$

La variable aléatoire réelle $\dfrac{S_{n,x}}{n}$ prend ses valeurs dans l'ensemble : $\{0; \dfrac{1}{n}; \dfrac{2}{n}; ...; 1\}$.

$$P(|\frac{S_{n,x}}{n} - x| \geq \alpha) = \sum_{k \notin I_{n,x}} P(S_{n,x} = k) = \sum_{k \notin I_{n,x}} \binom{n}{k} x^k (1-x)^{n-k}.$$

On a donc : $(***) \leqslant 2MP(|\dfrac{S_{n,x}}{n} - x| \geqslant \alpha)$.

Conclusion : $|P_n(x) - f(x)| \leqslant \epsilon + 2MP(|\dfrac{S_{n,x}}{n} - x| \geqslant \alpha)$.

4 Majorons $P(|\dfrac{S_{n,x}}{n} - x| \geq \alpha)$.

$S_{n,x}$ suit une loi Binomiale[5] de paramètres n et x donc :

$$E(\frac{S_{n,x}}{n}) = \frac{E(S_{n,x})}{n} = \frac{nx}{n} = x$$

$$V(\frac{S_{n,x}}{n}) = \frac{E(S_{n,x})}{n^2} = \frac{nx(1-x)}{n^2} = \frac{x(1-x)}{n}.$$

D'après l'inégalité de Bienaymé-Tchebychev[6], on a :

$$P(|\frac{S_{n,x}}{n} - x| \geq \alpha) \leqslant \frac{x(1-x)}{n\alpha^2}$$

$$P(|\frac{S_{n,x}}{n} - x| \geq \alpha) \leqslant \frac{1}{4n\alpha^2} \ (\text{car } x(1-x) \leq \frac{1}{4} \text{ pour tout } x \in [0;1] \ ).$$

5 Conclusion

$$\forall n \in \mathbb{N}^*, \forall x \in [0;1], |P_n(x) - f(x)| \leqslant \varepsilon + \frac{M}{2n\alpha^2}.$$

Comme $\lim\limits_{n \longrightarrow +\infty} \dfrac{M}{2n\alpha^2} = 0$, il existe un entier n_0 strictement positif tel que

pour tout $n \geq n_0$, $\dfrac{M}{2n\alpha^2} \leq \varepsilon$.

On obtient alors :

$$\forall n \geq n_0, \forall x \in [0;1], |P_n(x) - f(x)| \leqslant \varepsilon + \varepsilon$$

c'est-à-dire : $\forall n \geq n_0 \ , \ \|P_n - f\|_\infty \leq 2\varepsilon \ .$

La suite de polynômes $(P_n)_{n \in \mathbb{N}}$ converge uniformément sur [0;1] vers f.

6 Généralisation sur tout compact $[a, b]$ de $\mathbb{R}$

On généralise le résultat précédent sur tout compact $[a, b]$ de $\mathbb{R}$ en considérant une fonction g continue sur $[a, b]$ et en appliquant le résultat précédent à la fonction f définie sur $[0; 1]$ par $f(\dfrac{t - a}{b - a}) = g(t)$.

Annexe

• Définition

$(\mathbf{1})$ Soit X une variable aléatoire réelle prenant les valeurs réelles : $x_0, x_1, .., x_n$
On appelle espérance de X le réel, noté $E(X)$ tel que :

$$E(X) = \sum_{i=0}^{n} x_i P(X = x_i)$$

• Théorème de transfert

$(\mathbf{2})$ Soit X une variable aléatoire réelle prenant les valeurs réelles : $x_0, x_1, .., x_n$
Soit f une fonction continue par morceaux définie sur un intervalle J contenant $x_0, x_1, .., x_n$. On a alors : $E(f(X)) = \sum_{i=0}^{n} f(x_i) P(X = x_i)$.

• Théorème de Heine

$(\mathbf{3})$ Toute fonction continue sur un compact est uniformément continue sur ce compact.

• Propositions

$(\mathbf{4})$ Toute fonction continue sur un compact est bornée et atteint ses bornes.

$(\mathbf{5})$ Une variable aléatoire X qui suit une loi binomiale de paramètres n et p a pour espérance $E(X) = np$ et pour variance $V(X) = np(1 - p)$.

(6) Soit X une variable aléatoire réelle admettant une espérance m et une variance $V(X)$. D'après l'inégalité de Bienaymé-Tchebychev, on a :

$$\forall a > 0, P(\mid X - m \mid \geqslant a) \leqslant \frac{V(X)}{a^2}$$

.

• Application :

Soit f une fonction continue sur un intervalle $[a,b]$. Montrez que :

$$\forall n \in \mathbb{N}^*, \int_a^b f(t)t^n dt = 0 \Rightarrow \forall t \in [a,b], f(t) = 0$$

Toute fonction définie et continue sur un compact $[a,b]$ de $\mathbb{R}$ étant limite uniforme d'une suite de polynômes, on peut considérer la suite $(P_n)_{n \in \mathbb{N}^*}$ qui converge uniformément vers f sur $[a,b]$.
Par hypothèse, on a :

$\int_a^b f(t)P_n(t)dt = 0$ d'où :

$\int_a^b f^2(t)dt = \int_a^b (f(t) - P_n(t)).f(t)dt$

$\int_a^b f^2(t)dt \leq \int_a^b \mid f(t) - P_n(t) \mid . \mid f(t) \mid dt \leq \parallel f \parallel_\infty . \parallel f - P_n \parallel_\infty . \mid b - a \mid$

or : $\forall x \in [a;b], \parallel P_n - f \parallel_\infty \to 0$ quand $n \longrightarrow +\infty$.

Donc : $\int_a^b f^2(t)dt = 0$ ce qui implique : $f = 0$ sur $[a,b]$.

Intervalle de confiance asymptotique d'une moyenne

Théorème

Soit $\overline{X_n}$ la variable aléatoire fréquence qui, à tout échantillon de taille n extrait d'une population dans laquelle la proportion d'un caractère est p, associe la fréquence observée dans l'échantillon.

Un intervalle de confiance de p au niveau de confiance 1-α avec $0 < \alpha < 1$ est asymptotiquement :

$$\left[\overline{X_n} - \frac{t_\alpha\sqrt{\overline{X_n}(1 - \overline{X_n})}}{\sqrt{n}}, \overline{X_n} + \frac{t_\alpha\sqrt{\overline{X_n}(1 - \overline{X_n})}}{\sqrt{n}}\right]$$

où t_α est tel que : $2\pi(t_\alpha) - 1 = 1 - \alpha$ avec π la fonction de répartition de la variable aléatoire réelle X qui suit la loi Normale centrée, réduite.

Notation :

soit X une variable aléatoire qui suit la loi de Bernoulli de paramètre p, $0 < p < 1$ et α un réel de $]0;1]$.

On pose : $\overline{X_n} = \dfrac{1}{n}\sum\limits_{i=1}^{n} X_i$ où $(X_1, ..., X_n)$ est un n-échantillon de la loi de X

et : $\overline{X_n}^* = \dfrac{\overline{X_n} - E(\overline{X_n})}{\sqrt{V(\overline{X_n})}}$ (la variable $\overline{X_n}$ est dite centrée et réduite).

Démonstration :

1 Calcul de l'espérance et la variance de $\overline{X_n}$

On a par linéarité de l'espérance et en tenant compte de l'indépendance des X_i pour la variance :

$$E(\overline{X_n}) = \frac{1}{n}\sum_{i=1}^{n} E(X_i) = \frac{1}{n}np = p,$$

$$V(\overline{X_n}) = \frac{1}{n^2}\sum_{i=1}^{n} V(X_i) = \frac{1}{n^2}\sum_{i=1}^{n} p(1 - p) = \frac{p(1 - p)}{n}.$$

2 Montrons que la suite $\left(\dfrac{\sqrt{n}(\overline{X_n} - p)}{\sqrt{p(1-p)}} \right)_{n \geqslant 1}$ **converge en loi vers une variable Z de loi normale centrée réduite.**

Les variables $X_1, ..., X_n$ étant indépendantes, de même loi et possédant une espérance et une variance, on peut appliquer le théorème central limite[4] à $\overline{X_n}$

$\overline{X_n}^* = \dfrac{\overline{X_n} - E(\overline{X_n})}{\sqrt{V(\overline{X_n})}} = \dfrac{\sqrt{n}(\overline{X_n} - p)}{\sqrt{p(1-p)}}$ converge en loi vers une variable Z qui suit la loi normale centrée réduite.

3 Montrons que la suite $\left(\dfrac{\sqrt{p(1-p)}}{\sqrt{\overline{X_n}(1 - \overline{X_n})}} \right)_{n \geqslant 1}$ **converge en probabilité vers 1.**

En appliquant l'inégalité de Bienaymé-Tchebychev à $\overline{X_n}$, on a :

$\forall \varepsilon > 0, P(| \overline{X_n} - p | \geqslant \varepsilon) \leqslant \dfrac{p(1-p)}{n\varepsilon^2}$.

D'où : $\forall \varepsilon > 0, \lim\limits_{n \to +\infty} P(| \overline{X_n} - p | \geqslant \varepsilon) = 0$.

Conclusion : $(\overline{X_n})_{n \geqslant 1}$ converge en probabilité vers p .

Le réel $p \in]0;1[$ et la fonction $t \mapsto \dfrac{\sqrt{p(1-p)}}{\sqrt{t(1-t)}}$ étant continue sur $]0;1[$ alors

la suite $\left(\dfrac{\sqrt{p(1-p)}}{\sqrt{\overline{X_n}(1 - \overline{X_n})}} \right)_{n \geqslant 1}$ converge en probabilité vers $\dfrac{\sqrt{p(1-p)}}{\sqrt{p(1-p)}} = 1$.

4 Détermination de l'intervalle de confiance de p au niveau de confiance 1-α.

$$\frac{\sqrt{n}(\overline{X_n} - p)}{\sqrt{\overline{X_n}(1 - \overline{X_n})}} = \frac{\sqrt{n}(\overline{X_n} - p)}{\sqrt{p(1 - p)}} \cdot \frac{\sqrt{p(1 - p)}}{\sqrt{\overline{X_n}(1 - \overline{X_n})}} \cdot$$

D'après le théorème de Slutsky, et d'après les convergences étudiées en 2. et 3., la suite $\left(\dfrac{\sqrt{n}(\overline{X_n} - p)}{\sqrt{\overline{X_n}(1 - \overline{X_n})}} \right)_{n \geq 1}$ converge en loi vers $1.Z = Z$ de loi normale centrée réduite.

$$\forall t > 0, \lim_{n \to +\infty} P\left(-t \leq \frac{\sqrt{n}(\overline{X_n} - p)}{\sqrt{\overline{X_n}(1 - \overline{X_n})}} \leq t\right) = \pi(t) - \pi(-t) = 2\pi(t) - 1.$$

Supposons : $2\pi(t) - 1 = 1 - \alpha$ (le seuil de confiance). La condition équivaut à $\pi(t) = 1 - \dfrac{\alpha}{2} \in \,]\dfrac{1}{2}; 1[$.

La fonction π étant continue, strictement croissante sur $]0; +\infty[$ avec $\pi(0) = \dfrac{1}{2}$, π réalise une bijection de $]0; +\infty[$ sur $]\dfrac{1}{2}; 1[$ et il existe un unique réel t_α tel que $\pi(t_\alpha) = 1 - \dfrac{\alpha}{2}$.

On a donc : $\lim_{n \to +\infty} P\left(-t_\alpha \leq \dfrac{\sqrt{n}(\overline{X_n} - p)}{\sqrt{\overline{X_n}(1 - \overline{X_n})}} \leq t_\alpha\right) = 1 - \alpha$.

$$\lim_{n \to +\infty} P\left(\overline{X_n} - \frac{t_\alpha \sqrt{\overline{X_n}(1 - \overline{X_n})}}{\sqrt{n}} \leqslant p \leqslant \overline{X_n} + \frac{t_\alpha \sqrt{\overline{X_n}(1 - \overline{X_n})}}{\sqrt{n}}\right) = 1 - \alpha$$

$$\left[\overline{X_n} - \frac{t_\alpha \sqrt{\overline{X_n}(1 - \overline{X_n})}}{\sqrt{n}}, \overline{X_n} + \frac{t_\alpha \sqrt{\overline{X_n}(1 - \overline{X_n})}}{\sqrt{n}}\right)\right]$$ est un **intervalle de confiance asymptotique** pour p au niveau de confiance $1 - \alpha$.

Annexe

• Définitions

(1) Soient $(X_n)_{n\in\mathbb{N}}$ une suite de variables aléatoires réelles définies sur le même espace probabilisé $(\Omega; \mathcal{A}; P)$. On note F_n la fonction de répartition de X_n et F celle de X .

On dit que (X_n) converge **en loi** vers X si : $\displaystyle\lim_{n\to+\infty} F_n(x) = F(x)$.

(2) Soient $(X_n)_{n\in\mathbb{N}}$ une suite de variables aléatoires réelles définies sur le même espace probabilisé $(\Omega; \mathcal{A}; P)$. On dit que (X_n) converge **en probabilité** vers X si : $\forall \alpha > 0, \displaystyle\lim_{n\to+\infty} P(\mid X_n - X \mid > \alpha) = 0$.

• Proposition

(3) Soit X une variable aléatoire réelle admettant une espérance m et une variance $V(X)$. D'après l'inégalité de Bienaymé-Tchebychev, on a :

$$\forall a > 0, P(\mid X - m \mid \geqslant a) \leqslant \frac{V(X)}{a^2}$$

• Théorèmes

(4) Théorème central limite

Soit $(X_i)_{i\in[\![1;n]\!]}$ une suite de variables aléatoires réelles indépendantes et de même loi, admettant une espérance m et une variance σ^2. Soit $\overline{X_n} = \displaystyle\sum_{i=1}^{n} X_i$.

(On a donc : $E(\overline{X_n}) = nm$ et $V(\overline{X_n}) = n\sigma^2$)

La variable $\overline{X_n}$ centrée et réduite converge en loi vers une variable aléatoire réelle X où X suit une loi Normale centrée réduite :

$$\forall x \in \mathbb{R}, \lim_{n\to+\infty} P(\frac{\overline{X_n} - nm}{\sqrt{n}\sigma} \leqslant x) = \pi(x)$$

où π représente la fonction de répartition de X.

(5) Théorème de Slutsky.

Soit $(X_n)_{n\in\mathbb{N}}$ une suite de variables aléatoires réelles qui converge en loi vers la variable aléatoire réelle X et $(Y_n)_{n\in\mathbb{N}}$ une suite de variables aléatoires réelles qui converge en probabilité vers $C \in \mathbb{R}$. La suite de variables aléatoires réelles $(X_n Y_n)_{n \in \mathbb{N}}$ converge alors en loi vers CX.

• Application:

Deux candidats se présentent à une élection. Un sondage portant sur un échantillon de 1200 personnes (on suppose que la taille est suffisante) donne 53 % des suffrages au candidat A.

Déterminer au niveau de confiance de 95 %, un intervalle de confiance de la proportion p des votants pour le candidat A. Au seuil de confiance de 95%, le candidat peut-il croire en sa victoire ?

On a : $n = 1200$ et $\overline{X_{1200}} = 0,53$.

Un intervalle de confiance asymptotique pour p au niveau de confiance 0,95 est

$$\left[\overline{X_{1200}} - \frac{t_\alpha \sqrt{\overline{X_{1200}}(1 - \overline{X_{1200}})}}{\sqrt{1200}}, \overline{X_{1200}} + \frac{t_\alpha \sqrt{\overline{X_{1200}}(1 - \overline{X_{1200}})}}{\sqrt{1200}})\right]$$

$2\pi(t_\alpha) - 1 = 0,95 \Rightarrow t_\alpha \simeq 1,96$.

L'intervalle de confiance asymptotique au seuil de confiance de 95% est :

$[0,502; 0,558]$ en arrondissant les bornes au millième.

0,502 est strictement supérieur à 0,5 : le candidat peut croire en sa victoire.

Troisième partie : algèbre

Théorème de d'Alembert-Gauss

Théorème

Tout polynôme non constant à coefficients complexes admet au moins une racine dans $\mathbb{C}$.

Notation.Soit P un polynôme à coefficients complexes tel que :

$$\forall z \in \mathbb{C} \ , \ P(z) = a_n z^n + a_{n-1} z^{n-1} + ... + a_1 z + a_0 \text{ avec } n \in \mathbb{N}^* \text{ et } a_n \neq 0.$$

Démonstration

1 Montrons que la fonction $\mid P \mid$ sur $\mathbb{C}$ tend vers l'infini à l'infini.

Pour tout $z \in \mathbb{C}^*$, on a :

$$\mid P(z) \mid \geqslant \mid a_n \mid\mid z^n \mid - \mid a_{n-1} \mid\mid z^{n-1} \mid - ... \mid a_1 \mid\mid z \mid - \mid a_0 \mid$$

$$\mid P(z) \mid \geqslant \mid z^n \mid (\mid a_n \mid - \mid a_{n-1} \mid \frac{1}{\mid z \mid} - ... - \mid a_1 \mid \frac{1}{\mid z \mid^{n-1}} - \mid a_0 \mid \frac{1}{\mid z \mid^n}).$$

D'où par comparaison : $\displaystyle \lim_{\mid z \mid \to +\infty} \mid P(z) \mid = +\infty$.

c'est-à-dire $\forall M > 0 \ , \ \exists R > 0 \ , \ \forall z \in \mathbb{C} : \ \mid z \mid > R \Rightarrow \mid P(z) \mid > M.$ (*)

2 Montrons si A est une partie compacte non vide de $\mathbb{C}$, la fonction $\mid P \mid$ admet un minimum sur A.

L'ensemble $\{\mid P(z) \mid / z \in A\}$ est non vide et minoré par 0 donc admet une borne inférieure[1]. Notons m cette dernière.

Par définition de la borne inférieure[3], il existe une suite $(z_n)_{n \in \mathbb{N}}$ d'éléments de

A telle que $\lim\limits_{n \to +\infty} \mid P(z_n) \mid = m$.

La partie A étant compacte, d'après le théorème de Bolzano-Weierstrass[2], elle admet une sous-suite convergente. Quitte à remplacer notre suite par cette sous-suite, nous pouvons admettre que la suite $(z_n)_{n \in \mathbb{N}}$ admet une limite l. Or A est fermée (car compacte[4]) donc $l \in A$ [5].

Or l'application $\mid P \mid$ est continue donc :

$$\underbrace{\lim_{n \to +\infty} \mid P(z_n) \mid}_{} = \mid P(\lim_{n \to +\infty} z_n) \mid = \mid P(l) \mid.$$

Donc $m = \mid P(l) \mid$ avec $l \in A$. La borne inférieure m est bien atteinte sur A : c'est le minimum de $\mid P \mid$ sur A.

3   Montrons que la fonction $\mid P \mid$ admet un minimum sur $\mathbb{C}$.

Soit $\mathbf{M} = \mid \mathbf{P(0)} \mid$

- Si $M = 0$: c'est le minimum.

- Si $M > 0$. D'après (*) : $\exists R > 0 \, , \, \forall z \in \mathbb{C} : \mid z \mid > R \Rightarrow \mid P(z) \mid > M$

$\exists R > 0$ tel que $\mid P \mid > \mid P(0) \mid$ hors du disque fermé $\overline{D}(0, R)$. (**)

où $\overline{D}(0, R) = \{z \in \mathbb{C}, \mid z \mid \leqslant R\}$.

Posons $A = \overline{D}(0, R)$. A étant compacte, d'après la partie 2), $\mid P \mid$ atteint

sa borne inférieure sur A : $\exists z_0 \in A, \mid P(z_0) \mid = \inf\limits_{z \in A} \mid P(z) \mid$. Comme $0 \in A$,

ce minimum sur A est nécessairement inférieur ou égal à $\mid P(0) \mid$. (***)

Conclusion de (**) et (***) :

- pour tout $z \in \mathbb{C} \setminus \overline{D}(0, R) \, , \mid P(z) \mid > \mid P(0) \mid \geqslant \mid P(z_0) \mid$,

- pour tout $z \in \overline{D}(0, R) \, , \mid P(z) \mid \geqslant \mid P(z_0) \mid$.

$\mid P \mid$ atteint sa borne inférieure sur $\mathbb{C}$: $\exists z_0 \in \mathbb{C}, \mid P(z_0) \mid = \inf\limits_{z \in \mathbb{C}} \mid P(z) \mid$ et $\mid P(z_0) \mid$ est donc un minimum.

4 Soit $k \geqslant 1$ et soit $Q = 1 + X^k.R$ où $R \in \mathbb{C}[X]$ est un polynôme de terme constant égal à 1. Montrons qu'il existe un complexe z_1 tel que $|Q(z_1)| < 1$.

Posons $w_p = \dfrac{1}{p} e^{i\pi/k}$ avec $p \in \mathbb{N}^*$. R étant une application continue sur $\mathbb{C}$ (comme application polynômiale) :

$$\lim_{p \to +\infty} R(w_p) = R(\lim_{p \to +\infty} w_p) = R(0) = 1 \ .$$

Choisissons p tel que $R(w_p) = 1 + u$ avec $|u| < 1$ et posons $z_1 = w_p$. On a alors :

$$Q(z_1) = 1 + z_1^k.R(z_1)$$

$$Q(z_1) = 1 - p^{-k}(1 + u)$$

$$|Q(z_1)| \leqslant |1 - p^{-k}| + |p^{-k}u| < 1 - p^{-k} + p^{-k} = 1.$$

Conclusion : il existe $z_1 \in \mathbb{C}$ tel que $|Q(z_1)| < 1$.

5 Montrons qu'il existe au moins une racine de P sur $\mathbb{C}$.

On a vu que $|P|$ atteint son minimum sur $\mathbb{C}$: $\exists z_0 \in \mathbb{C}, |P(z_0)| = \inf_{z \in \mathbb{C}} |P(z)|$.

Supposons que $P(z_0) \neq 0$ et montrons qu'il y a une contradiction.

Posons : $\forall z \in \mathbb{C} , T(z) = \dfrac{P(z + z_0)}{P(z_0)}$. On sait que :

- T a son terme constant égal à 1

$\forall z \in \mathbb{C}, T(z) = 1 + c_1 z + ... + c_n z^n$ où $c_1, ..., c_n$ sont dans $\mathbb{C}$ et $c_n \neq 0$.

- T est non constant (car sinon P le serait).

Soit $k = \min\{i \in \mathbb{N}^*, c_i \neq 0\}$. On a donc :

$\forall z \in \mathbb{C}, T(z) = 1 + c_k z^k + c_{k+1} z^{k+1} + ... + c_n z^n$

c_k étant non nul, on a :

$$\forall z \in \mathbb{C},\ T(z) = 1 + c_k z^k \left(1 + \frac{c_{k+1}}{c_k} z + ... + \frac{c_n}{c_k} z^{n-k}\right).$$

Soit $\lambda \in \mathbb{C}$ une racine k^{ieme} de $\dfrac{1}{c_k}$. Appliquons le résultat du 4. au polynôme Q défini par :

$$\forall z \in \mathbb{C},\ Q(z) = T(\lambda z) = 1 + z^k \left(1 + \frac{c_{k+1}}{c_k} \lambda z + ... + \frac{c_n}{c_k} (\lambda z)^{n-k}\right).$$

On a alors :

$$\exists z_1 \in \mathbb{C} \text{ tel que } \mid Q(z_1) \mid < 1$$

c'est à dire $\mid T(\lambda z_1) \mid = \dfrac{\mid P(\lambda z_1 + z_0) \mid}{\mid P(z_0) \mid} < 1.$

On a trouvé z_1 de $\mathbb{C}$ tel que $\mid P(\lambda z_1 + z_0) \mid < \mid P(z_0) \mid$ ce qui contredit la minimalité de $\mid P(z_0) \mid$ sur $\mathbb{C}$.

Conclusion : $P(z_0) = 0$. Il existe au moins une racine de P sur $\mathbb{C}$.

Annexe

• Théorèmes

(1) Toute partie A de $\mathbb{R}$ non vide et minorée, admet un plus grand minorant appelé borne inférieure de A et noté $\inf A$.

(2) (**Théorème de Bolzano-Weierstrass**)

Une partie A non vide de $\mathbb{R}^n$ est compacte si et seulement si toute suite de A admet une sous-suite convergente dans A.

• Propositions

(3) Soit A, une partie de $\mathbb{R}$ non vide et minorée et m un minorant de A.
m est la borne inférieure de $A \Leftrightarrow$ Il existe une suite décroissante d'éléments de A convergente vers m.

(4) Si A est une partie non vide et compacte de $\mathbb{R}^n$ alors A est un fermé borné de $\mathbb{R}^n$.

(5) Si F est fermé, toute suite de F convergente, converge dans F.

• **Application :**

Tout endomorphisme f de $\mathscr{L}(E)$ est trigonalisable sur $\mathbb{C}$ car son polynôme caractéristique est scindé sur $\mathbb{C}$.

Théorème de Cayley-Hamilton

Théorème

Soit E un $\mathbb{K}$-espace vectoriel de dimension finie $n \in \mathbb{N}^*$, f un endomorphisme de E et P_f son polynôme caractéristique. On a alors : $P_f(f) = 0$.

Notation : $\mathbb{K} = \mathbb{R}$ ou $\mathbb{C}$.

Démonstration

Dans toute cette démonstration, **fixons $\mathbf{x} \in \mathbf{E}$ et $\mathbf{x} \neq \mathbf{0}$**.

1   Justifier qu'il existe un entier $p \in [\![1;n]\!]$ tel que le système $(x, f(x), ..., f^{p-1}(x))$ soit libre et que le système $(x, f(x), ..., f^p(x))$ soit lié.

- Le système $(x, f(x), ..., f^n(x))$ est lié car il contient $n+1$ vecteurs (dim $E = n$).
- Soit $I = \{k \in \mathbb{N}^*$ tel que $(x, f(x), ..., f^{k-1}(x))$ soit libre$\}$.

I est un ensemble non vide ($1 \in I$ car $x \neq 0$) et majoré par n (d'après la remarque précédente) donc I admet un maximum noté $p \in [\![1;n]\!]$ tel que les systèmes $(x, f(x), ..., f^{p-1}(x))$ et $(x, f(x), ..., f^p(x))$ soient respectivement libre et lié.

Remarque : l'entier p dépend de x.

2   Soient $G = vect(x, f(x), ..., f^{p-1}(x))$ et g la restriction de f à G. Écrivons la matrice de g dans la base $(x, f(x), ..., f^{p-1}(x))$.

La famille $(x, f(x), ..., f^p(x))$ est liée donc il existe $(a_0, a_1, ..., a_p) \in \mathbb{K}^{p+1}$ non tous nuls tels que : $a_0 x + a_1 f(x) + ... + a_{p-1}f^{p-1}(x) + a_p f^p(x) = 0 \ (*)$

Si $a_p = 0$ alors $a_0 x + a_1 f(x) + ... + a_{p-1}f^{p-1}(x) = 0$: la famille $(x, f(x), ..., f^{p-1}(x))$ est liée, ce qui est contradictoire.

On a donc $a_p \neq 0$. On peut supposer $a_p = 1$ (quitte à diviser $(*)$ par a_p et à renommer les nouveaux coefficients a_k où $k \in [\![1;p-1]\!]$)

$(*) \iff a_0 x + a_1 f(x) + ... + a_{p-1}f^{p-1}(x) + f^p(x) = 0$

$(*) \iff f^p(x) = -a_0 x - a_1 f(x) - ... - a_{p-1}f^{p-1}(x)$

G est donc stable par f : g est un endomorphisme.
$(x, f(x), ..., f^{p-1}(x))$ est un système générateur et libre de G donc c'est une base de G. Soit A la matrice de g dans la base $(x, f(x), ..., f^{p-1}(x))$. On a :

$$A = \begin{pmatrix} 0 & 0 & \cdots & 0 & -a_0 \\ 1 & 0 & \cdots & 0 & -a_1 \\ 0 & 1 & \ddots & \vdots & \vdots \\ \vdots & \ddots & \ddots & 0 & \vdots \\ 0 & \cdots & 0 & 1 & -a_{p-1} \end{pmatrix}$$

3   Soit P_A le polynôme caractéristique de A. Montrons que:

$$P_A(X) = (-1)^p(a_0 + a_1 X + ... + a_{p-1} X^{p-1} + X^p).$$

Posons $Q(X) = a_0 + a_1 X + ... + a_{p-1} X^{p-1} + X^p$

$$\det(A - XI) = \begin{vmatrix} -X & 0 & \cdots & 0 & -a_0 \\ 1 & -X & \cdots & 0 & -a_1 \\ 0 & 1 & \ddots & \vdots & \vdots \\ \vdots & \ddots & \ddots & -X & \vdots \\ 0 & \cdots & 0 & 1 & -a_{p-1} - X \end{vmatrix}$$

En remplaçant la ligne L_1 de la matrice par $L_1 + X.L_2 + X^2.L_3 + ... + X^{p-1}.L_p$ on obtient :

$$\det(A - XI) = \begin{vmatrix} 0 & 0 & \cdots & 0 & -Q(X) \\ 1 & -X & \cdots & 0 & -a_1 \\ 0 & 1 & \ddots & \vdots & \vdots \\ \vdots & \ddots & \ddots & -X & \vdots \\ 0 & \cdots & 0 & 1 & -a_{p-1} - X \end{vmatrix}$$

$$\det(A - XI) = (-1)^p Q(X) \begin{vmatrix} 1 & -X & \cdots & 0 \\ 0 & 1 & \ddots & \vdots \\ \vdots & \ddots & \ddots & -X \\ 0 & \cdots & 0 & 1 \end{vmatrix}$$

$$\det(A - XI) = (-1)^p Q(X)$$

Le polynôme caractéristique de A est :
$P_A(X) = (-1)^p(a_0 + a_1 X + ... + a_{p-1} X^{p-1} + X^p).$

La matrice A est appelée *matrice compagnon* du polynôme $Q(X)$.

4   Conclusion

Complétons la base $(x, f(x), ..., f^{p-1}(x))$ en une base $\mathcal{B}$ de E. La matrice de f dans cette base est alors une matrice par blocs du type $\begin{pmatrix} A & B \\ 0 & C \end{pmatrix}$ où A est la matrice de g dans la base $(x, f(x), ..., f^{p-1}(x))$.

$$P_f(X) = \begin{vmatrix} A - XI_p & B \\ 0 & C - XI_{n-p} \end{vmatrix} = \det(A - XI_p).\det(C - XI_{n-p})$$

$P_f(X) = P_A(X).P_C(X)$ avec $P_C(X) = \det(C - XI_{n-p})$

donc : $P_f = P_A P_C = P_C P_A$

d'où : $P_f(f) = P_C(f) \circ P_A(f)$

et : $P_f(f)(x) = (P_C(f)(P_A(f)(x))$.

Or $P_A(f)(x) = (-1)^p(a_0 + a_1 f(x) + ... + a_{p-1} f^{p-1}(x) + f^p(x)) = 0$ d'après la relation $(*)$ de la partie 2.

D'où : $P_f(f)(x) = P_C(f)(0) = 0$.

On a donc pour tout x non nul de E, $P_f(f)(x) = 0$.

De plus, $P_f(f)(0) = 0$ car $P_f(f)$ est un endomorphisme de E.

Donc : $\forall x \in \mathbb{E}$, $P_f(f)(x) = 0$.

Annexe

• Définition

(1) On appelle polynôme caractéristique d'un endomorphisme f (ou d'une matrice A de $M_n(\mathbb{K})$), le polynôme de $\mathbb{K}[X]$ défini par : $P_f(X) = \det(f - X.Id_E)$ (ou par : $P_A(X) = \det(A - XI_n)$).

• Application

Calcul des puissances kième d'une matrice :

Soit A une matrice de $M_n(\mathbb{K})$ et P son polynôme caractéristique. Pour tout entier k supérieur ou égal à 1, on a : $A^k = R_k(A)$ où R_k est le reste de la division euclidienne de X^k par P.

En effet, si $X^k = P(X)Q_k(X) + R_k(X)$ avec $R_k = 0$ ou $\deg(R_k) < \deg(P)$

alors : $A^k = P(A)Q_k(A) + R_k(A) = R_k(A)$ puisque P est un polynôme annulateur de A.

Exemple : $A = \begin{pmatrix} 2 & 1 \\ 1 & 2 \end{pmatrix}$ et $P(X) = X^2 - 4X + 3$ son polynôme caractéristique.

Pour tout $k \in \mathbb{N}$, effectuons la division euclidienne de X^k par $P(X)$:

$\exists (Q_k, R_k) \in \mathbb{R}[X]^2 \; / \; X^k = Q_k(X)(X^2 - 4X + 3) + R_k(X)$ avec $\deg(R_k) < 2$

Posons $R_k(X) = a_k X + b_k$. En particulier :

$1^k = a_k + b_k$ et $3^k = 3a_k + b_k$ d'où :

$a_k = \dfrac{1}{2}(3^k - 1)$ et $b_k = \dfrac{1}{2}(3 - 3^k)$.

Conclusion : pour tout $k \in \mathbb{N}$, $A^k = a_k A + b_k I_2$.

Théorème spectral

> ## Théorème
>
> E est un espace vectoriel euclidien de dimension $n \in \mathbb{N}^*$ muni d'un produit scalaire $< .,. >$. La norme associée est notée $\|.\|$.
>
> Si f est un endomorphisme symétrique de E alors il existe une base orthonormée de E dans laquelle la matrice S de f est diagonale c'est-à-dire :
>
> $\forall S \in S_n(\mathbb{R})$, $\exists (\Omega, D) \in O_n(\mathbb{R}) \times D_n(\mathbb{R})$ / $S = \Omega D \Omega^{-1}$.

Notations :

$O_n(\mathbb{R})$ est l'ensemble des matrices orthogonales de $M_n(\mathbb{R})$.

$D_n(\mathbb{R})$ est l'ensemble des matrices diagonales de $M_n(\mathbb{R})$.

Si $A \in M_{n,p}(\mathbb{C})$, on note A^*, la transconjuguée de A telle que : $A^* = {}^t\overline{A}$.

Remarque : Comme Ω est orthogonale, on peut remplacer Ω^{-1} par ${}^t\Omega$.

Démonstration

1 Montrons que f admet au moins une valeur propre réelle.

$P_f(X)$ le polynôme caractéristique de f est un polynôme de $\mathbb{C}[X]$ donc admet au moins une racine dans $\mathbb{C}$ (théorème de d'Alembert [1]).

f admet donc au moins une valeur propre complexe. Montrons que les valeurs propres de f, à priori complexes sont toutes réelles.

Soit λ une valeur propre de f et S la matrice qui représente f dans une base orthonormée. Il existe $X \in M_{n,1}(\mathbb{C})$ tel que $SX = \lambda X$ et $X \neq 0$.

En utilisant la notion de transconjuguée, on a :

$X^* S X = X^*(SX) = X^* \lambda X = \lambda X^* X = \lambda \|X\|^2$. (*)

De même : $X^* S X = (X^* S)X = (S^* X)^* X$. Or $S = S^*$ car $S \in S_n(\mathbb{R})$ [3].

D'où : $X^* S X = (SX)^* X = (\lambda X)^* X = \overline{\lambda} \|X\|^2$. (**)

De (*) et (**), on en conclut que :

$\lambda \|X\|^2 = \overline{\lambda} \|X\|^2$

$(\lambda - \overline{\lambda}) \|X\|^2 = 0$. Or $X \neq 0$ donc : $\lambda = \overline{\lambda} \Leftrightarrow \lambda \in \mathbb{R}$.

Conclusion : f admet au moins une valeur propre réelle que l'on notera λ donc au moins un vecteur propre X associé à λ.

Soit $H = \text{Vect} \{X\}^{\perp}$. Notons que dim $H = n - 1$.

2 Montrons par récurrence sur la dimension n de E, qu'il existe une base de n vecteurs propres de f.

2.1 Montrons que H est stable par f.

Supposons $Y \in H$ c'est-à-dire : $Y \perp X$ ou $< Y, X > = 0$.
Calculons $< f(Y), X >$. f étant un endomorphisme symétrique [2] :
$< f(Y), X > = < Y, f(X) >$. Or $f(X) = \lambda X$.
D'où : $< f(Y), X > = < Y, \lambda X > = \lambda < Y, X > = 0$ (par hypothèse).
Conclusion : $f(Y) \in H$ donc H est stable par f.
Notons g la restriction de f à H.

2.2 Montrons que g est un endomorphisme symétrique de H (pour la restriction du produit scalaire à H).

- g est un endomorphisme de H (voir le 2.1)
- $\forall V \in H, \forall W \in H : < g(V), W >_H = < f(V), W >_E = < V, f(W) >_E = < V, g(W) >_H$.

Conclusion: g est bien un endomorphisme symétrique de H.

2.3 Montrons que pour tout $n \in \mathbb{N}^*$, (P_n) est vraie avec (P_n) : si dim $E = n$ alors il existe une base de n vecteurs propres de f.

Pour $n = 1$, il n'y a rien à démontrer.
Supposons (P_{n-1}) vraie. Comme dim $H = n$ - 1, d'après l'hypothèse de récurrence, il existe une base $\{e_2, ..., e_n\}$ formée de n-1 vecteurs propres de g. On a alors $\{X, e_2, ..., e_n\}$ qui est une base de E formée de n vecteurs propres de f.
Conclusion : (P_n) est vraie pour tout $n \in \mathbb{N}^*$.

Remarque : f est donc diagonalisable car la matrice de f dans cette base de vecteurs propres est diagonale.

3 Montrons qu'il existe une base orthonormée de n vecteurs propres de f.

3.1 Montrons que les sous-espaces propres de f sont deux à deux orthogonaux.

Soient V_1 et V_2 deux vecteurs propres de f correspondant aux valeurs propres λ_1 et λ_2, avec $\lambda_1 \neq \lambda_2$. On a :
$< f(V_1), V_2 > \; = \; < \lambda_1 V_1, V_2 > \; = \; \lambda_1 < V_1, V_2 >$
et comme f est un endomorphisme symétrique :
$< f(V_1), V_2 > \; = \; < V_1, f(V_2) > \; = \; < V_1, \lambda_2 V_2 > \; = \; \lambda_2 < V_1, V_2 >$.
D'où : $\lambda_1 < V_1, V_2 > \; = \; \lambda_2 < V_1, V_2 > \; \Rightarrow \; (\lambda_1 - \lambda_2) < V_1, V_2 > \; = \; 0$.
Comme $\lambda_1 \neq \lambda_2$, on a : $< V_1, V_2 > \; = \; 0$
Conclusion : les sous-espaces propres de f sont deux à deux orthogonaux.

3.2 Construction d'une base orthonormée de vecteurs propres de f

f est diagonalisable donc la somme des dimensions des sous-espaces propres de f est égale à dim $E = n$ [3]. Pour construire une base orthonormée de n vecteurs propres de f, il suffit de choisir une base orthonormée dans chaque espace propre de f.
Conclusion : dans cette base orthonormée de E, la matrice de f est diagonale.

Annexe

- **Théorème**

(2) Théorème de d'Alembert
Tout polynôme non constant, à coefficients complexes, admet au moins une racine complexe.

- **Définition**

(2) Soit f est un endomorphisme de E . On dit que f est symétrique si :
$\forall x \in E, \forall y \in E : \; <f(x), y> = <x, f(x)>.$

- **Proposition**

(3) Soit B une base orthonormée de E ; soit f un endomorphisme de E de matrice S dans la base B alors : f est symétrique $\Leftrightarrow S \in S_n(\mathbb{R})$.

- Application : Décomposition polaire d'une matrice.

$$\forall A \in GL_n(\mathbb{R}) \; , \; \exists (H, C) \in O_n(\mathbb{R}) \; \mathbf{x} \; S_n(\mathbb{R}) \; / \; A = HC.$$

- Si $B = {}^t A.A$, on montre que $B \in S_n^{++}(\mathbb{R})$.
En effet, B est symétrique (${}^t B = B$) et B est définie positive :
$\forall X \in M_{n,1}(\mathbb{R}) \backslash \{0\} \, , \; {}^t X B X > 0.$

- Il existe $C \in S_n(\mathbb{R}) \cap GL_n(\mathbb{R})$ telle que $C^2 = B$.
En effet, par le théorème spectral : $\exists (\Omega, D) \in O_n(\mathbb{R}) \; \mathrm{x} \; D_n(\mathbb{R}) \; / \; B = \Omega.D.{}^t\Omega.$
Si $D = \mathrm{diag}(\lambda_1, \lambda_2, ..., \lambda_n)$, il suffit de choisir $C = \Omega.\Delta.{}^t\Omega$ avec $\Delta = \mathrm{diag}(\sqrt{\lambda_1}, \sqrt{\lambda_2}, ..., \sqrt{\lambda_n})$
pour avoir $C^2 = B$ avec C inversible(comme produit de matrices inversibles)
et C symétrique (${}^t C = C$).

- Posons $H = AC^{-1}$. On a bien : $H \in O_n(\mathbb{R})$ car ${}^t H.H = I_n.$

Décomposition de Dunford

Théorème

Soit un endomorphisme f de $\mathscr{L}(E)$ tel que son polynôme caractéristique soit scindé sur $\mathbb{K}$. Il existe un unique couple (d, n) d'endomorphismes tel que :
(i) d est diagonalisable , n nilpotent,
(ii) $f = d + n$ et $d \circ n = n \circ d$.

Notations : E désigne un $\mathbb{K}$-espace vectoriel de dimension $n \in \mathbb{N}^*$. Soit χ_f le polynôme caractéristique de f qui est scindé sur $\mathbb{K}$ par hypothèse. On a donc : $\chi_f = (\text{-}1)^n \prod_{i=1}^{s}(X - \lambda_i)^{\alpha_i}$ les λ_i étant deux à deux distincts. Posons pour tout $i \in [\![1; s]\!] : N_i = \text{Ker } (f - \lambda_i Id)^{\alpha_i}$.

Démonstration

1   Montrons que : $\mathbf{E} = \bigoplus_{i=1}^{s} N_i$.

D'après le Théorème de Cayley-Hamilton [1], $\chi_f(f) = 0$ et $E = \text{Ker}(\chi_f(f))$. Pour tout $i \in [\![1; s]\!], (X - \lambda_i)^{\alpha_i}$ sont premiers entre eux deux à deux car les λ_i sont deux à deux distincts. D'après le lemme des Noyaux [2] :
$\text{Ker}(\chi_f(f)) = \bigoplus_{i=1}^{s}\text{Ker}(f - \lambda_i)^{\alpha_i} = \bigoplus_{i=1}^{s} N_i$ D'où : $E = \bigoplus_{i=1}^{s} N_i$.

2   Fabrication de projecteurs p_i

Pour tout $i \in [\![1; s]\!]$.
Posons : $Q_i = \prod_{j \neq i}(X - \lambda_j)^{\alpha_j}$. Les Q_i sont premiers entre eux [4] dans leur ensemble. D'après le théorème de Bezout [3] :
$\exists (U_1, U_2, ...U_s) \in \mathbb{K}[X]^s, \sum_{i=1}^{s} U_i Q_i = 1 \Leftrightarrow \sum_{i=1}^{s} U_i(f) \circ Q_i(f) = Id_{\mathscr{L}(E)}$ $(*)$.
Posons: $p_i = (U_i Q_i)(f) = U_i(f) \circ Q_i(f)$.
Pour tout $j \in [\![1; s]\!]$ tel que $j \neq i : p_i \circ p_j = U_i(f) \circ Q_i(f) \circ U_j(f) \circ Q_j(f)$.
Or deux polynômes du même endomorphisme commutent [7] d'où :
$p_i \circ p_j = U_i(f) \circ Q_i(f) \circ Q_j(f) \circ U_j(f)$.
On remarque que : $Q_i Q_j = R_{ij}.\chi_f$ avec $R_{ij} \in \mathbb{K}[X]$.
D'où $Q_i Q_j(f) = R_{ij}(f) \circ \chi_f(f) = R_{ij}(f).0 = 0$

$p_i \circ p_j = 0_{\mathscr{L}(E)}$ et $p_i = Id_{\mathscr{L}(E)} \circ p_i = (\sum_{j=1}^{s} p_j) \circ p_i (\text{ en utilisant } *)$

$p_i = \sum_{j=1}^{s} p_j \circ p_i = p_i \circ p_i = p_i^2 :$ **les p_i sont des projecteurs** [5].

3   Montrons que pour tout $i \in [\![1;s]\!]$, Im $p_i = N_i$.

Pour tout $i \in [\![1;s]\!]$

- Im$p_i \subset N_i$?

Supposons y $\in$ Imp_i alors : $\exists x \in E, y = p_i(x) = U_i Q_i(f)(x)$

et : $(f - \lambda_i Id)^{\alpha_i}(y) = \Big((f - \lambda_i Id)^{\alpha_i} \circ (U_i Q_i)(f)\Big)(x)$

$= \Big((f - \lambda_i Id)^{\alpha_i} \circ Q_i(f) \circ U_i(f)\Big)(x)$

$= \Big((-1)^n \chi_f(f) \circ U_i(f)\Big)(x).$

Or $\chi_f(f) = 0$ donc $(f - \lambda_i Id)^{\alpha_i}(y) = 0$: $y \in \mathrm{Ker}(f - \lambda_i Id)^{\alpha_i}$ donc $y \in N_i$.

- $N_i \subset$ Imp_i ?

Supposons $x \in N_i = \mathrm{Ker}(f - \lambda_i Id)^{\alpha_i}$ c'est-à-dire $(f - \lambda_i Id)^{\alpha_i}(x) = 0$.

Pour tout $j \in [\![1;s]\!]$ tel que $j \neq i$: $(X - \lambda_i)^{\alpha_i}$ divise $Q_j = \prod_{k \neq j}(X - \lambda_k)^{\alpha_k}$

donc : $Q_j = R(X)(X - \lambda_i)^{\alpha_i}$où R $\in \mathbb{K}[X]$ et on a :

$Q_j(f) = R(f) \circ (f - \lambda_i Id)^{\alpha_i} = 0$

donc : $p_j(x) = (U_j(f) \circ Q_j(f))(x) = 0$

En utilisant $(*)$: $x = \sum_{j=1}^{s} p_j(x) = p_i(x)$ d'où : $x \in \mathrm{Im}(p_i)$

4   Montrons que pour tout $i \in [\![1;s]\!]$ Ker $p_i = \bigoplus_{j \neq i} N_j$.

Pour tout $i \in [\![1;s]\!]$

- Ker$p_i \subset \bigoplus_{j \neq i} N_j$?

Supposons $x \in$ Kerp_i : $p_i(x) = 0$

Or (en utilisant *) $x = \sum_{j=1}^{s} p_j(x) = \sum_{j \neq i} p_j(x)$ donc $x \in \bigoplus_{j \neq i} \mathrm{Im}p_j = \bigoplus_{j \neq i} N_j$

- $\bigoplus_{j \neq i} N_j \subset$ Kerp_i?

Pour tout $j \in [\![1;s]\!]$ tel que $j \neq i$ si $x \in N_j$ alors $(f - \lambda_j Id)^{\alpha_j}(x) = 0$

et $(X - \lambda_j)^{\alpha_j}$ divise $Q_i = \prod_{k \neq i}(X - \lambda_k)^{\alpha_k}$

donc : $Q_i = T(X)(X - \lambda_j)^{\alpha_j}$où T $\in \mathbb{K}[X]$

$Q_i(f)(x) = (T(f) \circ (f - \lambda_j Id)^{\alpha_j})(x) = 0 \Rightarrow p_i(x) = 0$ donc $x \in$ Kerp_i.

Conclusion : pour tout $j \in [\![1;s]\!]$ tel que $j \neq i$: $N_j \subset$ Kerp_i et $\bigoplus_{j \neq i} N_j \subset$ Kerp_i

5   Montrons l'existence d'un couple (n, d) vérifiant (i) et (ii).

p_i est le projecteur sur N_i parallèlement à $\bigoplus_{j \neq i} N_j^{(6)}$. Posons: $d = \sum_{i=1}^{s} \lambda_i p_i$.

- d est diagonalisable comme somme d'endomorphismes diagonalisables (un projecteur est diagonalisable$^{(8)}$) et qui commutent $^{(9)}$.

• n est nilpotent : $n = f - d = f \circ Id - d = f \circ \sum_{i=1}^{s} p_i - \sum_{i=1}^{s} \lambda_i p_i$

$$n = \sum_{i=1}^{s} (f \circ p_i - \lambda_i p_i) = \sum_{i=1}^{s} (f - \lambda_i Id) \circ p_i$$

On montre par récurrence sur q : $\forall q \in \mathbb{N}, n^q = \sum_{i=1}^{s} (f - \lambda_i Id)^q \circ p_i$ (où $n^0 = Id$ et

on utilise le fait que : $p_i \circ p_j = 0$ *pour* $i \neq j$ et p_i commutent avec f).
Or si q = supα_i , on a : $(f - \lambda_i Id)^{\sup \alpha_i} \circ p_i = (f - \lambda_i Id)^{\sup \alpha_i} \circ U_i(f) \circ Q_i(f)$.

Or le polynôme caractéristique χ_f divise : $(X - \lambda_i)^{\sup \alpha_i} Q_i(X)$
Donc : $(X - \lambda_i)^{\sup \alpha_i} Q_i(X) = S(X) \chi_f$ où S $\in \mathbb{K}[X]$
et : $(f - \lambda_i Id)^{\sup \alpha_i} \circ Q_i(f) = 0$ (car $\chi_f(f) = 0$).
Donc : $n^q = 0$ avec $q = \sup \alpha_i \Rightarrow n$ est nilpotent.

• Ainsi construits, d et n sont des polynômes en f qui commutent$^{(7)}$.

6   Montrons l'unicité du couple (n, d).

Supposons qu'il existe un autre couple (n',d') vérifiant (i) et (ii) :
$f = d' + n' = d + n \iff n' - n = d - d'$.
Si on peut écrire $f = d' + n'$ avec d' et n' qui commutent alors d' et n' commutent avec f (vérification facile) donc d' et n' commutent avec tout polynôme en f donc avec les endomorphismes n et d construits précédemment (car eux, on sait que ce sont des polynômes en f) et on a :

• $d' - d$ est diagonalisable car d et d' sont diagonalisables et commutent donc sont diagonalisables dans une même base$^{(10)}$.

• $n' - n$ est nilpotent. Soit p et q les indices de nilpotence de n et n'. Comme n et n' commutent (polynômes en f), utilisons la formule du binôme de Newton :
$$(n - n')^{p+q} = \sum_{k=0}^{p+q} \binom{p+q}{k} (-1)^{p+q-k} n^k (n')^{p+q-k}.$$
Si $k \geqslant p$: $n^k = 0$ et si $k < p$: $(n')^{p+q-k} = 0$
donc : $(n' - n)^{p+q} = 0 \Rightarrow n' - n$ est nilpotent. Or le seul endomorphisme nilpotent diagonalisable est l'endomorphisme nul$^{(11)}$: n'-n=d-d'=0 $\Rightarrow n = n'$ et $d = d'$.

Annexe

• Théorèmes

(1) Théorème de Cayley-Hamilton

Soit f de $\mathscr{L}(\mathrm{E})$ et χ_f son polynôme caractéristique alors $\chi_f(\mathrm{f}) = 0$.

(2) Lemme des Noyaux

Soit f de $\mathscr{L}(\mathrm{E})$ et $P = P_1 P_2 .... P_k$ de $\mathbb{K}[\mathrm{X}]$, les polynômes P_i étant premiers entre eux deux à deux alors: $\operatorname{Ker} P(f) = \bigoplus_{i=1}^{k} \operatorname{Ker} P_i(f)$.

(3) Théorème de Bezout

Des polynômes $P_1, P_2, ... P_k$ de $\mathbb{K}[\mathrm{X}]$ sont premiers entre eux dans leur ensemble si et seulement si, il existe $U_1, U_2 ...., U_k$ de $\mathbb{K}[\mathrm{X}]$ tels que $U_1 P_1 + ... + U_k P_k = 1$.

• Définitions

(4) Des polynômes $P_1, P_2, ... P_k$ de $\mathbb{K}[\mathrm{X}]$ sont premiers entre eux dans leur ensemble si $\operatorname{pgcd}(P_1, P_2, ... P_k) = 1$.

(5) Un endomorphisme p de $\mathscr{L}(\mathrm{E})$ est appelé projecteur si $p \circ p = p$.

• Propositions

(6) Soit $p \in \mathscr{L}(\mathrm{E})$. p est un projecteur si et seulement si p est la projection sur $\operatorname{Im}(p)$ parallèlement à $\operatorname{Ker}(p)$.

(7) Deux polynômes du même endomorphisme commutent.

(8) Un projecteur est diagonalisable.

(9) La somme de deux endomorphismes diagonalisables et qui commutent est un endomorphisme diagonalisable.

(10) Deux endomorphismes diagonalisables le sont dans une même base s'ils commutent.

(11) Le seul endomorphisme nilpotent, diagonalisable est l'endomorphisme nul.

• **Application: calcul de $\exp(f)$**

Comme d et n commutent , on a : $\exp(f) = \exp(d+n) = \exp(d)\exp(n)$.
Si d est diagonalisable dans une base B tel que :

$$Mat_B(d) = \begin{pmatrix} \lambda_1 & & (0) \\ & \ddots & \\ (0) & & \lambda_n \end{pmatrix} \text{ alors } Mat_B(\exp(d)) = \begin{pmatrix} e^{\lambda_1} & & (0) \\ & \ddots & \\ (0) & & e^{\lambda_n} \end{pmatrix}$$

On a aussi : $\exp(n) = \displaystyle\sum_{k=0}^{p-1} \frac{n^k}{k!}$ où p est l'indice de nilpotence de n .

Décomposition de Cholesky

> ## Théorème
>
> Si A est une matrice de $M_n(\mathbb{R})$ symétrique définie positive alors il existe une unique matrice $B \in M_n(\mathbb{R})$ triangulaire inférieure avec des éléments diagonaux strictement positifs telle que : $A = B\,{}^t B$.

Notation : $A = (A_{i,j})_{(i,j)\in[\![1;n]\!]^2}$ et Δ^k sa sous-matrice[1] d'ordre k.

Démonstration

1 Existence

La matrice étant symétrique, définie, positive, ses mineurs principaux[2] sont tous strictement positifs[3] et elle admet une décomposition LU[4]. On a donc :

$$A = \begin{pmatrix} A_{1,1} & & * \\ & \ddots & \\ * & & A_{n,n} \end{pmatrix} = \begin{pmatrix} 1 & & 0 \\ & \ddots & \\ * & & 1 \end{pmatrix} \begin{pmatrix} U_{1,1} & & * \\ & \ddots & \\ 0 & & U_{n,n} \end{pmatrix}$$

En faisant un calcul par blocs :

$$\forall k \in [\![1;n]\!], \quad \begin{pmatrix} A_{1,1} & & * \\ & \ddots & \\ * & & A_{k,k} \end{pmatrix} = \begin{pmatrix} 1 & & 0 \\ & \ddots & \\ * & & 1 \end{pmatrix} \begin{pmatrix} U_{1,1} & & * \\ & \ddots & \\ 0 & & U_{k,k} \end{pmatrix}$$

Nous avons l'égalité des déterminants :

$$\forall k \in [\![1;n]\!] \,,\ \det(\Delta^k) = \prod_{j=1}^{k} U_{j,j} \text{ et comme } \det(\Delta^k) > 0 :$$

par récurrence, chaque $U_{j,j}$ est strictement positif pour $j \in [\![1;n]\!]$.

Posons : $D = diag(\sqrt{U_{1,1}}, \sqrt{U_{2,2}}, ..., \sqrt{U_{n,n}}) \in M_n(\mathbb{R})$ inversible,

d'inverse $D^{-1} = diag(\dfrac{1}{\sqrt{U_{1,1}}}, \dfrac{1}{\sqrt{U_{2,2}}}, ..., \dfrac{1}{\sqrt{U_{n,n}}})$.

On a donc :

$$A = \underbrace{LD}\ \underbrace{D^{-1}U}$$

$A = BC$ avec $B = LD$ et $C = D^{-1}U$.

On remarque que B est triangulaire inférieure et C est triangulaire supérieure.

Montrons que : ${}^{t}B = C$.

- A étant symétrique, ${}^{t}A = A$ donc :

${}^{t}C\ {}^{t}B = BC$ d'où ${}^{t}B\ C^{-1} = ({}^{t}C)^{-1}\ B$ (*)

Or ${}^{t}B\ C^{-1}$ est une matrice triangulaire supérieure et $({}^{t}C)^{-1}\ B$ est une matrice triangulaire inférieure.

L'égalité (*) nous permet de conclure qu'elles sont toutes deux diagonales.

- **Pour tout i $\in [\![1;n]\!]$:**

$$B_{i,i} = \sqrt{U_{i,i}}\ (\text{car } L_{i,i}=1) \text{ et } C_{i,i} = D_{i,i}^{-1}U_{i,i} = \frac{U_{i,i}}{\sqrt{U_{i,i}}} = \sqrt{U_{i,i}}$$

$$({}^{t}C)_{i,i} = \sqrt{U_{i,i}} \text{ et } ({}^{t}C)_{i,i}^{-1} = \frac{1}{\sqrt{U_{i,i}}} \text{ d'où :}$$

$$(({}^{t}C)^{-1}B)_{i,i} = \sum_{k=1}^{n} ({}^{t}C)_{i,k}^{-1}\ B_{k,i}.$$

B étant triangulaire inférieure : $B_{k,i} = 0$ pour $k < i$. D'où :

$$(({}^{t}C)^{-1}B)_{i,i} = \sum_{k=i}^{n} ({}^{t}C)_{i,k}^{-1}\ B_{k,i}.$$

$({}^{t}C)^{-1}$ étant triangulaire inférieure : $C_{i,k} = 0$ pour $k > i$

$$(({}^{t}C)^{-1}B)_{i,i} = ({}^{t}C)_{i,i}^{-1}\ B_{i,i}$$

$$(({}^{t}C)^{-1}B)_{i,i} = \frac{1}{\sqrt{U_{i,i}}}\sqrt{U_{i,i}} = 1.$$

Conclusion : $({}^{t}C)^{-1}B$ étant la matrice unité , ${}^{t}C = B$ d'où :

$C = {}^{t}B$ et $A = B\ {}^{t}B.$

2   unicité

Supposons que $A = B_1 {}^t B_1 = B_2 {}^t B_2$ avec B_1 et B_2 deux matrices de $M_n(\mathbb{R})$ triangulaires inférieures avec des éléments diagonaux strictement positifs. On a alors : $B_2^{-1} B_1 = {}^t B_2 \, ({}^t B_1)^{-1}$ avec $B_2^{-1} B_1$ une matrice triangulaire inférieure et ${}^t B_2 \, ({}^t B_1)^{-1}$ une matrice triangulaire supérieure. Ces deux matrices sont donc diagonales. Notons la T :

$$B_2^{-1} B_1 = T \Longrightarrow B_1 = B_2 T \text{ d'où :}$$

$$A = B_2 {}^t B_2 = B_1 {}^t B_1 = (B_2 T) {}^t(B_2 T) = B_2 (T {}^t T) {}^t B_2.$$

Conclusion : $B_2 {}^t B_2 = B_2 (T {}^t T) {}^t B_2$ ce qui implique $T {}^t T = I_n$ puisque B_2 est inversible.

Pour tout $i \in [\![1; n]\!]$, $T_{i,i} = 1$ ou -1. Comme tous les coefficients diagonaux de B_1 et B_2 sont strictement positifs alors $T = I_n$ et $B_1 = B_2 T = B_2$. La décomposition de Cholesky est unique.

Annexe

• Définitions

(1) Soit $A \in M_n(\mathbb{R})$. On appelle sous-matrice d'ordre k de A, la matrice $\Delta^k \in M_k(\mathbb{R})$ construite à partir de A par : $\forall (i,j) \in [\![1; k]\!]^2$, $\Delta_{i,j}^k = A_{i,j}$.

(2) On appelle mineur principal d'ordre k de A, le déterminant de Δ^k.

• Théorèmes

(3) Si $A \in M_n(\mathbb{R})$ est une matrice symétrique définie positive alors ses mineurs principaux sont tous strictement positifs.

(4) Soit $A \in M_n(\mathbb{R})$. Si toutes les sous-matrices Δ^k d'ordre k de A sont inversibles alors il existe un unique couple (L, U) de matrices avec $L \in M_n(\mathbb{R})$ triangulaire inférieure à diagonale unitaire et $U \in M_n(\mathbb{R})$ triangulaire supérieure tel que $A = LU$.

• Application : l'inégalité de Hadamard

Soit A est une matrice de $M_n(\mathbb{R})$. Notons $X_1, ... X_n$ ses vecteurs colonnes. Alors

$$| \det(A) | \leqslant \prod_{i=1}^{n} \| X_i \|_2.$$

De plus, il y a égalité si et seulement si la famille $(X_1, ... X_n)$ est orthogonale.

Preuve :

• Si A n'est pas inversible, le résultat est immédiat.

• Si A est inversible, ${}^t\!A\, A$ est symétrique définie positive et on peut considérer sa décomposition de Cholesky : ${}^t\!A\, A = {}^t\!T\, T$ où T est une matrice de $M_n(\mathbb{R})$ triangulaire supérieure à coefficients diagonaux strictement positifs.

En notant : $A = (a_{i,j})_{(i,j)\in[\![1;n]\!]^2}$, ${}^t\!A\, A = (b_{i,j})_{(i,j)\in[\![1;n]\!]^2}$ et $T = (t_{i,j})_{(i,j)\in[\![1;n]\!]^2}$.

Pour tout i $\in [\![1;n]\!]$:

$$b_{i,i} = \sum_{k=1}^{n} t_{k,i}^2 = \sum_{k=1}^{i} t_{k,i}^2 \text{ car } T \text{ est triangulaire supérieure}$$

$$b_{i,i} = t_{i,i}^2 + \sum_{k=1}^{i-1} t_{k,i}^2$$

$$t_{i,i}^2 = b_{i,i} - \sum_{k=1}^{i-1} t_{k,i}^2 \leqslant b_{i,i} = \sum_{k=1}^{n} a_{k,i}^2 = \| X_i \|_2^2.$$

D'où : $t_{i,i} \leqslant \| X_i \|_2$.

Or : $\det(A)^2 = \det(T)^2 = \prod_{i=1}^{n} t_{i,i}^2$.

D'où : $| \det(A) | = \prod_{i=1}^{n} | t_{i,i} |$

par positivité des $t_{i,i}$, on a : $| \det(A) | = \prod_{i=1}^{n} t_{i,i} \leqslant \prod_{i=1}^{n} \| X_i \|_2$.

Il y a égalité si et seulement si $\forall i \in [\![2;n]\!]$, $\forall k \in [\![1;i-1]\!]$, $t_{k,i} = 0$.

$T = {}^t\!A\, A$ devient diagonale : les colonnes de A forment une famille orthogonale.

Générateurs du groupe linéaire

Théorème

Soit $n \geqslant 2$ et $\mathbb{K} = \mathbb{R}$ ou $\mathbb{C}$.

L'ensemble des matrices de transvection[1] engendre le groupe $\mathrm{SL}_n(\mathbb{K})$ et l'ensemble des matrices de transvection et de dilatation[2] engendre le groupe $\mathrm{GL}_n(\mathbb{K})$.

Notations :

$\mathrm{GL}_n(\mathbb{K})$ est le groupe des matrices carrées inversibles de taille n.

$\mathrm{SL}_n(\mathbb{K})$ est le sous-groupe de $\mathrm{GL}_n(\mathbb{K})$ formé des matrices de déterminant 1.

Démonstration

• Choix du pivot

Soit $A \in \mathrm{GL}_n(\mathbb{K})$ telle que $A = (a_{i,j})_{(i,j)\in[\![1;n]\!]^2}$. Comme A est inversible, sa première colonne n'est pas nulle. Si $a_{1,1} \neq 0$, on pose $A' = A$.
Sinon, il existe $i \in [\![2;n]\!]$ tel que $a_{i,1} \neq 0$ et on pose $A' = T_{1,i}(1)A$ la transformée de A par l'opération[3] : $L_1 \leftarrow L_1 + L_i$. Dans les deux cas, la matrice $A' = (a'_{ij}) \in M_n(\mathbb{K})$ est telle que $a'_{1,1} \neq 0$. Un tel élément non nul est appelé pivot.

• Etape 1

Pour tout $i \in [\![2;n]\!]$, les opérations $L_i \longleftarrow L_i - \dfrac{a'_{i,1}}{a'_{1,1}}L_1$ transforment A' en une

matrice B de la forme : $\begin{pmatrix} \beta_1 & * & \cdots & * \\ 0 & & & \\ \vdots & & B_1 & \\ 0 & & & \end{pmatrix}$ où $\beta_1 = a'_{1,1} \neq 0$.

Ainsi B est obtenu par produit commmutatif de matrices de transvections :

$$B = \prod_{i=2}^{n} T_{i,1}\left(\frac{-a'_{i,1}}{a'_{1,1}}\right)A'.$$

Les transvections sur les lignes de B :

$$L_2 \longleftarrow L_2 + L_1 \ , \ L_1 \longleftarrow L_1 + \frac{1 - \beta_1}{\beta_1} L_2 \text{ et } L_2 \longleftarrow L_2 - \beta_1 L_1 \text{ transforment}$$

B en une matrice B' de la forme :
$$\begin{pmatrix} 1 & \gamma_2 & \cdots & \gamma_n \\ 0 & & & \\ \vdots & & B'_1 & \\ 0 & & & \end{pmatrix}$$

Les transvections sur les colonnes de B' :

$C_i \longleftarrow C_i - \gamma_i C_1$ pour $i \in [\![2;n]\!]$ transforment B' en une matrice B'' de la

forme :
$$\begin{pmatrix} 1 & 0 & \cdots & 0 \\ 0 & & & \\ \vdots & & B'_1 & \\ 0 & & & \end{pmatrix}$$

On recommence le même algorithme sur la matrice B'_1 et ainsi de suite.

- **Etape n-1**

Il existe une suite finie $(T_1, ..., T_p)$ de matrices de transvection sur les lignes de A et une suite finie $(R_1, ..., R_p)$ de matrices de transvection sur les colonnes

de A telle que $T_p...T_1 A R_1...R_q = \begin{pmatrix} 1 & 0 & \cdots & \cdots & 0 \\ 0 & 1 & 0 & & \vdots \\ \vdots & \ddots & \ddots & \ddots & \vdots \\ \vdots & & \ddots & 1 & 0 \\ 0 & \cdots & \cdots & 0 & \beta_n \end{pmatrix}$

On a donc: $\det(T_s...T_1 A R_1...R_q) = \beta_n$

$\det(T_s)... \det(T_1) \det(A) \det(R_1)... \det(R_q) = \beta_n$.

Les matrices de transvection étant toutes de déterminant 1, on a $\det(A) = \beta_n$ d'où :

$T_p...T_1 A R_1...R_q = diag(1, ..1, \det(A))$

$A = T_1^{-1}...T_p^{-1} diag(1, ..1, \det(A)) R_q^{-1}...R_1^{-1}$.

L'inverse d'une matrice de transvection étant une matrice de transvection, toute matrice $A \in \mathrm{SL}_n(\mathbb{K})$ s'écrit comme un produit de matrices de transvection et toute matrice de $\mathrm{GL}_n(\mathbb{K})$ est produit de matrices de transvection et de dilatation.

Annexe

• Définitions

Soit $(E_{i,j})_{1\leqslant i,j\leqslant n}$ la base canonique de $M_n(\mathbb{K})$.

$(\mathbf{1})$ On appelle **matrice de transvection**, toute matrice de $M_n(\mathbb{K})$ de la forme $T_{i,j}(\lambda) = I_n + \lambda E_{i,j}$ où $i \neq j$ et $\lambda \in \mathbb{K}$.

$(\mathbf{2})$ On appelle **matrice de dilatation**, toute matrice diagonale de $M_n(\mathbb{K})$ de la forme $D_i(\alpha) = I_n + (\alpha - 1)E_{i,i}$ avec $\alpha \in \mathbb{K}^*$.

• Proposition

$(\mathbf{3})$ Soit $A \in M_n(\mathbb{R})$. La multiplication à gauche (respectivement à droite) par une matrice de transvection $T_{i,j}(\lambda)$ revient à effectuer l'opération élémentaire $L_i \longleftarrow L_i + \lambda L_j$ (respectivement $C_j \longleftarrow C_j + \lambda C_i$).

• Application : $\mathbf{SL}_n(\mathbb{K})$ est connexe par arcs.

Soit $A \in SL_n(\mathbb{K})$. Il existe une suite finie $(T_1, ..., T_p)$ de matrices de transvection telles que $A = T_1(\lambda_1)...T_p(\lambda_p)$.

Soit l'application $\gamma : [0,1] \longrightarrow \mathrm{SL}_n(\mathbb{K})$ telle que $\gamma(t) = T_1(\lambda_1 t)...T_p(\lambda_p t)$.

On a : $\gamma(0) = I_n$ et $\gamma(1) = A$.

Chacune des applications $t \longrightarrow T_i(\lambda_i t)$ est continue sur $[0,1]$ car tous les coefficients de $T_i(\lambda_i t)$ dépendent continument de t. On en déduit que l'application produit γ est continue sur $[0,1]$ et définit un chemin continu pour aller de I_n vers A. Pour aller de A vers B, il suffit de composer les chemins de A vers I_n puis de I_n vers B. Il existe donc un chemin continu entre deux matrices de $\mathrm{SL}_n(\mathbb{K})$: On dit que $\mathrm{SL}_n(\mathbb{K})$ est **connexe par arcs**.

Théorème de réduction

Théorème

Toute forme quadratique q, sur un $\mathbb{K}$-espace vectoriel E de dimension finie n peut s'écrire sous la forme $q = \sum_{i=1}^{n} \beta_i \Psi_i^2$ où $(\Psi_1, \Psi_2, ..., \Psi_n)$ est une base de E^* et $(\beta_1, \beta_2, ..., \beta_n) \in \mathbb{K}^n$.

Notation : $\mathbb{K}$ désigne un corps commutatif et E^* , l'espace dual de E.

Démonstration : décomposition de Gauss

Soit q une forme quadratique sur E. D'après la proposition (2) :

$$\forall x = (x_1, ..., x_n) \in E,\ q(x) = \sum_{i=1}^{n} \alpha_{i,i} x_i^2 + 2 \sum_{1 \leqslant i < j \leqslant n} \alpha_{i,j} x_i x_j.$$

• **Premier cas** : il existe au moins un indice i tel que $\alpha_{i,i} \neq 0$. Supposons que $\alpha_{1,1} \neq 0$ quitte à permuter les variables.

On a :

$$\forall x \in E,\ q(x_1, ..., x_n) = \alpha_{1,1}\left(x_1^2 + 2 \sum_{j=2}^{n} \frac{\alpha_{1,j}}{\alpha_{1,1}} x_1 x_j\right) + q_1(x_2, ..., x_n)\ \text{où } q_1 \text{ est}$$

une forme quadratique en $(x_2, ..., x_n)$.

On en déduit :

$$\forall x \in E,\ q(x_1, ..., x_n) = \alpha_{1,1}\left(x_1 + \sum_{j=2}^{n} \frac{\alpha_{1,j}}{\alpha_{1,1}} x_j\right)^2 + q_2(x_2, ..., x_n)\ \text{où } q_2 \text{ est une}$$

forme quadratique en $(x_2, ..., x_n)$.

En posant :

$$\beta_1 = \alpha_{1,1}\ \text{et}\ \Psi_1(x_1, ..., x_n) = \left(x_1 + \sum_{j=2}^{n} \frac{\alpha_{1,j}}{\alpha_{1,1}} x_j\right)$$

on a :

$$\forall x \in E,\ q(x_1, ..., x_n) = \beta_1 \Psi_1^2(x_1, ..., x_n) + q_2(x_2, ..., x_n)\ \text{où } \Psi_1 \text{ est une forme}$$
linéaire .

On itère la méthode en partant cette fois de $q_2(x_2, ..., x_n)$. Par hypothèse de récurrence, q_2 peut s'écrire comme combinaison linéaire de carrés de $n-1$ formes linéaires :

$$q_2(x) = \beta_2 \Psi_2^2(x_2, ..., x_n) + ... + \beta_{n-1} \Psi_{n-1}^2(x_{n-1}, x_n) + \beta_n \Psi_n^2(x_n)\ \text{où } \Psi_2, ... \Psi_n$$

sont linéairement indépendants sur $\text{Vect}\{e_1^*, ... e_n^*\}$.

La matrice des coordonnées de $\Psi_1, ... \Psi_n$ dans $(e_1^*, ... e_n^*)$ est donc de la forme

$$\begin{pmatrix} 1 & 0 & \cdots & 0 \\ * & & & \\ \vdots & & M & \\ * & & & \end{pmatrix} \text{ avec } \det M \neq 0$$

M étant la matrice des coordonnées de $\Psi_2, ... \Psi_n$ dans $(e_2^*, ... e_n^*)$.

Finalement, on a : $q = \sum_{i=1}^{n} \beta_i \Psi_i^2$ où $(\Psi_1, \Psi_2, ..., \Psi_n)$ sont n formes linéairement indépendantes.

- **Deuxième cas** : Pour tous les indices $i \in [\![1; n]\!]$, $\alpha_{i,i} = 0$

Si q est nulle, le résultat est trivial.

Sinon il existe au moins un $\alpha_{i,j}$ non nul (avec $i < j$). On supposera, quitte à permuter les variables, que l'on a $\alpha_{1,2} \neq 0$. On a alors :

$\forall x \in E$,

$$q(x_1, ..., x_n) = 2\alpha_{1,2}\left(x_1 x_2 + \sum_{j=3}^{n} \frac{\alpha_{1,j}}{\alpha_{1,2}} x_1 x_j + \sum_{j=3}^{n} \frac{\alpha_{2,j}}{\alpha_{1,2}} x_2 x_j \right) + q_3(x_3, ..., x_n) \text{ où}$$

q_3 est une forme quadratique en $(x_3, ..., x_n)$.

$$q(x_1, ..., x_n) = 2\alpha_{1,2}\left(x_1 + \sum_{j=3}^{n} \frac{\alpha_{2,j}}{\alpha_{1,2}} x_j \right)\left(x_2 + \sum_{j=3}^{n} \frac{\alpha_{1,j}}{\alpha_{1,2}} x_j \right) + q_4(x_3, ..., x_n) \text{ où } q_4$$

est une forme quadratique en $(x_3, ..., x_n)$.

Or $PQ = \dfrac{1}{4}\left((P+Q)^2 - (P-Q)^2 \right)$.

En posant $P = \left(x_1 + \sum_{j=3}^{n} \frac{\alpha_{2,j}}{\alpha_{1,2}} x_j \right)$ et $Q = \left(x_2 + \sum_{j=3}^{n} \frac{\alpha_{1,j}}{\alpha_{1,2}} x_j \right)$, on a :

$$q(x_1, ..., x_n) = \frac{\alpha_{1,2}}{2}\left[\left(x_1 + x_2 + \sum_{j=3}^{n} \frac{\alpha_{2,j} + \alpha_{1,j}}{\alpha_{1,2}} x_j \right)^2 - \left(x_1 - x_2 + \sum_{j=3}^{n} \frac{\alpha_{2,j} - \alpha_{1,j}}{\alpha_{1,2}} x_j \right)^2 \right] +$$

$q_4(x_3, ..., x_n)$.

$q(x_1, ..., x_n) = \beta_1 \Psi_1^2(x_1, ..., x_n) + \beta_2 \Psi_2^2(x_1, ..., x_n) + q_4(x_3, ..., x_n)$ avec :

$\beta_1 = \dfrac{\alpha_{1,2}}{2}$ et $\beta_2 = -\dfrac{\alpha_{1,2}}{2}$

$$\psi_1 = \left(x_1 + x_2 + \sum_{j=3}^{n} \frac{\alpha_{2,j} + \alpha_{1,j}}{\alpha_{1,2}} x_j \right) \text{ et } \psi_2 = \left(x_1 - x_2 + \sum_{j=3}^{n} \frac{\alpha_{2,j} - \alpha_{1,j}}{\alpha_{1,2}} x_j \right)$$

deux formes linéaires.

On itère la méthode en partant cette fois de $q_4(x_3, ..., x_n)$. Par hypothèse de récurrence, q_4 peut s'écrire comme combinaison linéaire de carrés de formes linéaires :

$$q_4(x) = \beta_3 \Psi_3^2(x_3, ..., x_n) + \beta_4 \Psi_4^2(x_3, ..., x_n) + ... + \beta_{n-1} \Psi_{n-1}^2(x_{n-1}, x_n) + \beta_n \Psi_n^2(x_{n-1}, x_n)$$

où $(\Psi_i)_{i \in [\![3;n]\!]}$ est une famille de $n-3$ formes linéaires indépendantes sur $\mathrm{Vect}\{e_3^*, ... e_n^*\}$.

La matrice des coordonnées de $\Psi_1, ... \Psi_n$ dans $(e_1^*, ... e_n^*)$ est donc de la forme :

$$\begin{pmatrix} 1 & 1 & 0 & \cdots & 0 \\ 1 & -1 & 0 & \cdots & 0 \\ * & * & & & \\ \vdots & \vdots & & M' & \\ * & * & & & \end{pmatrix} \quad \text{avec det } M' \neq 0$$

M' étant la matrice des coordonnées de $\Psi_3, ... \Psi_n$ dans $(e_3^*, ... e_n^*)$.

Finalement, on a : $q = \sum\limits_{i=1}^{n} \beta_i \Psi_i^2$ où $(\Psi_1, \Psi_2, ..., \Psi_n)$ sont n formes linéairement indépendantes.

Annexe

• Définition

(1) On appelle **forme quadratique** sur E, toute application $q : E \longrightarrow \mathbb{K}$ définie par $q(x) = \varphi(x, x)$ où φ est une forme bilinéaire symétrique sur E.

• Proposition

(2) E est un espace vectoriel de dimension n sur K. Soit $q : E \longrightarrow \mathbb{K}$ une forme quadratique sur E et $(e_1, ..., e_n)$ une base de E. Pour tout x de E, $q(x)$ est un polynôme homogène de degré 2 en les composantes x_i de x dans la base $(e_1, ..., e_n)$ c'est-à-dire :

$$\forall x \in E , \ q(x) = \sum_{i=1}^{n} \alpha_{i,i} x_i^2 + 2 \sum_{1 \leqslant i < j \leqslant n} \alpha_{i,j} x_i x_j.$$

• Application : Calcul de la signature d'une forme quadratique.

Soit $q : \mathbb{R}^3 \longrightarrow \mathbb{R}$ définie dans la base canonique par :

$$q(x) = x_1^2 + 2x_2^2 + 15x_3^2 - 4x_1x_2 + 6x_1x_3 - 8x_2x_3.$$

En appliquant la méthode de Gauss, on trouve :

$$q(x) = (x_1 - 2x_2 + 3x_3)^2 - 2(x_2 - x_3)^2 + 8x_3^2.$$

Donc sign(q)=(2,1).